科学。奥妙无穷▶

最神秘的学科

考古

KAOGU

魏星 编著

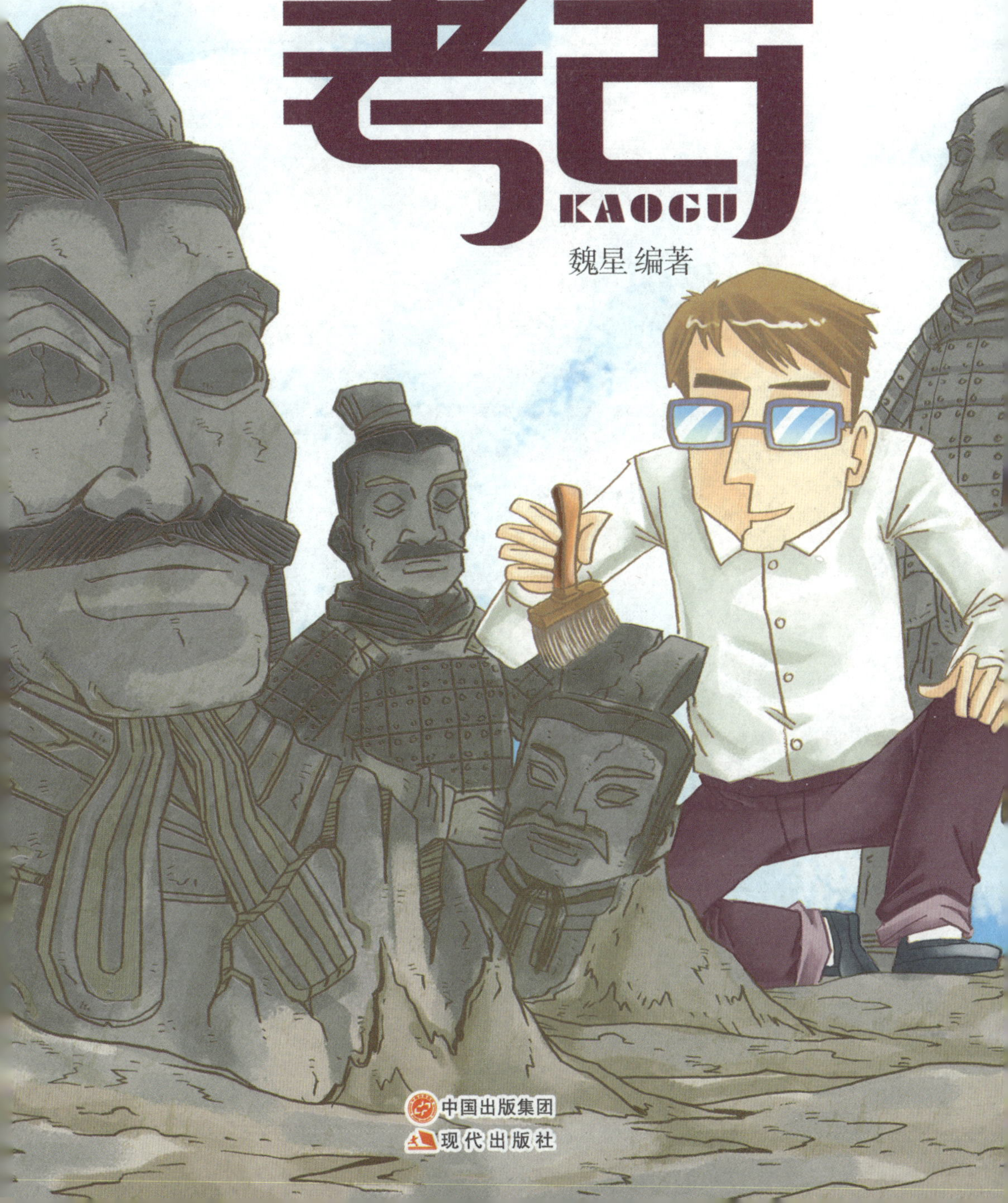

中国出版集团
现代出版社

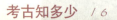

目录

目录

考古知多少

考古学是研究如何寻找和获取古代人类社会的实物遗存，以及如何依据这些遗存来研究人类历史的一门学科。中国近代“考古学”一词，可能是从英语Archaeology一词翻译而来的。Archaeology一词源于希腊语，意为“研究古代之学”，在17和18世纪，一般是指对含有美术价值的古物和古迹的研究，到了19世纪，才泛指对一切古物的研究。

考古学的研究范围

考古学是历史科学的一个组成部分，但其研究的范围是古代，所以它与近代史和现代史是无关的！自人类的起源始，下限随考古学的发展而有所变化，又由于各地区文化发展的多样性和不平衡性，所以无法统一，各国考古学都有它们的年代下限。（20世纪50年代前，下限被限定在文字出现前，偏重于史前考古。50年代后，历史考古受重视，下限逐渐向后延伸。）

英国的考古学年代下限为诺曼人入侵（1066年）；法国的考古学年代下限为加洛林王朝的覆灭（公元987）；美洲各国的考古学年代下限为哥伦布（约1451—1506年）发现新大陆（1492年）。一般说来，中国考古学的年代下限可以定在明朝灭亡（1644年）（这也就是许多考古书上为什么一到明朝就结束，没有清朝内容的原因。例如南京大学出版社张之恒的中国考古学通论便是这样。）

近一时期以来，英国有“中世纪考古学”。其年代下限延伸到资产阶级革命的开始（1640年）又有所谓的“工业考古学”其年代下限延伸到18世纪和19世纪的工业革命初期。在美洲，则有所谓的“历史考古学”和“殖民地时代考古学”，它们的年代范围在哥伦布发现美洲之后，直到18世纪末或19世纪初美洲各国在政治上获得独立。但是，英国的所谓“工业考古学”、美洲的所谓“历史考古学”或“殖民地时代考古学”，实际上是利用考古学的方法以研究近代史，所以不能算作真正的考古学。

考古学的研究对象 >

考古学的主要研究对象是古代人类活动遗留下的实物资料。

这里指的实物资料一般应是古代人类有意识加工过的人工制品。如工具、武器、用品等，或是人类修造的房屋、坟墓、城堡和建筑等。若是未经人类加工的自然物，则必须确定其与人类活动有关，或是能够反映人类的活动。如用于修筑房屋用的自然石块和采集渔猎活动所遗留的动植物遗存等，这些也属于考古学研究对象。

- 遗物

古代人类活动遗留下来的，各种具有可移动性的器物。遗物一般以器物的原料或用途功能进行分类。如以器物的原料可分为木器、石器、玉器、陶器、骨器等；以用途或功能可分为工具、武器、生活用具、装饰品、艺术品等。

- 遗迹

古代人类活动而遗留下来的具有不可移动性的迹象。遗迹一般依据其功能或用途分类并命名，如储物的窖穴、埋葬死者的墓穴、房屋废弃后的基址、防御性的城墙或壕沟、汲水的井等。一般遗迹中，均包含有数量不等的遗物。这些遗物有些是当时人们无意识地丢弃的，如在废弃的窖穴或壕沟中倾倒的生活垃圾和破损的陶器、工具等。有些则是人们有意识地放入的，如墓葬中的随葬品等。

- 遗址

古代某一社群居民日常生活、居住范围内遗留的连续分布的遗迹、遗物集合体。古代遗址大部分是有各种性质、功能不同的房屋及防卫、经济设施等组成的村社聚落或城址的废墟。

考古学的研究方法 >

• 考古地层学

地层是地质学中的一个最基本概念，是指有一定时间和空间含义的一切成层岩石的总称。考古地层学是借用地质学对地层的研究原理，在田野考古发掘中科学地取得研究资料的方法，也是考古研究中最基础的方法之一。

文化层形成的基本原理：地层层序律——新的在上，老的在下。

文化层的划分：主要依据土质、土色、包含物和遗迹现象划分地层。

• 地层关系：

1. 叠压关系：是指两层或两层以上的文化堆积自上而下依次叠压而形成的地层关系，在这一地层关系中，叠压者及包含物要晚于被叠压者。

2. 打破关系：指的是晚期人类活动遗迹打破早期的地层或建设而形成的地层关系。在这一地层关系中，作为打破者的年代要晚于被打破者，打破者之中包含的遗迹年代一般也应晚于被打破者。

3. 共存关系：在上述地层关系中，每一地层或遗迹单位（如一座墓葬、一座窖穴、一座房基等）中包含的各种遗物，构成了共存关系。凡属有共存关系的遗物，从地层学角度来看，它们的年代可视为是同时的（相对共时）。

• 考古类型学

考古类型学的基本概念：借用生物进化论和生物分类的原理，对考古发掘出土的遗物、遗迹进行科学地整理、分类分析、比较研究的方法。当然，考古学中的类型学并非是生物学类型学的简单搬用，而是有着自身的特点。为区别起见，一般称为“考古类型学”，也叫“标型学”或“器物形态学”。

考古类型学的原理：人类社会是不断地由低级向高级演进的，各种文化因素也是不断发展变化的，器物的形态也常常随之改变。因此，器物形态的稳定性是相对的，变化性则是绝对的；器物形态既具有历史阶段的稳定性，又具有明显的时代与文化特色。考古类型学依据器物形态特征及其变化研究其演变的规律，进而判定遗迹、遗物的相对年代，确定与区分不同的考古学文化。

• 器物的分类

“类”是最大的分类单位。

大类的划分：首先，依据器物的质料划分为石器、陶器、木器、骨器、铜器等。

亚类的划分：每一个大类器物中，又可依据器物的主要用途的划分为生产工具、武器、生活用具、装饰品、艺术品等若干亚类。

次类的划分：每一亚类器物中又可依据具体功能再细分为若干类。如生活用具中有炊器类、水器类、食器类等。每一类都有若干用途相同或相近而形态各异的器物组成，如炊器类的陶器有鼎、釜等。

• 器物的分型

型石类之下次一级分类单位，是对某一形态器物共性的概括，主要依据器物形态进行划分。不同形态的器物，可能各有各的源流，各有各的演变过程，故型是对一类有演变序列的器物的总的特征的概括。

型别号一般用大写字母 A、B、C 等表示，如 A 型鼎、B 型鼎等。有时为了充分表达器物形态变化层次，形之下还可再分亚型，亚型用小写字母 a、b、c 等表示。如 Aa 型鼎、Ab 型鼎等。

- **器物的分式**

式是型之下的次一级分类单位，每一型器物依其形态演变过程中阶段性变化，选出从早到晚各个阶段的标准器，型分为若干式，代表这一器物各个演化阶段的特征。

式别号用 I.II.III 等表示。如 I 式瓶、II 式鼎等。

- **器物组合与分期**

区系类型的研究是建立在考古地层学和考古类型学研究的基础之上，宏观地进行遗址间、文化间、文化系统间比较研究的理论与方法。目的在于建立诸考古学文化（尤其是史前文化）发展的基本时空框架体系。

1. 文化区：考古学文化分布地理空间范围。考古学文化区的划分，主要是依据考古地层学和类型学，对有关遗迹、义务的研究而确定的。

2. 文化系统：文化系统，即文化发展系统，指的是考古学文化的纵向发展过程。一个文化发展系统，一般是由若干有纵向发展关系的考古学文化构成。

3. 文化类型：在一个考古学文化分布区域内，往往由于微环境条件的差异和邻近其他文化的影响，同一时期不同地域的文化遗存在主体因素基本一致的前提下，又表现出某种程度的差别。一种考古学文化的分布区域内，可分为若干个文化类型。

考古学的年代与分期 >

• 年代的基本概念

相对年代：指遗迹、遗物在时间上的先后关系，以及文化遗存先后时序的年代。如“旧石器时代”、“新石器时代”和“仰韶文化早期”、“商代后期”。断定相对年代主要依靠考古地层学和类型学的方法。

绝对年代：指遗迹、遗物做成或废弃的具体时间。断定绝对年代的方法，在历史时期的考古学领域，主要依靠文献记载、年历学和各种有纪年文字的遗物；在没有文字记载的史前时期，则主要依赖于现代科学技术中的测年技术与方法。

• 分期方法

二分法：以文字记载的有无为标志，将人类文化史分为“史前时期”和“历史时期”两大发展阶段的分期法。

三分法：1819 年，丹麦皇家博物馆馆长汤姆森依据馆藏古物的分类，提出欧洲史前文化发展的三个阶段，被称为“三期说”：石器时代—青铜器时代—铁器时代。

六分法：三分法基础上的进一步细分：旧石器时代（【英】约翰·卢伯克）—中石器时代（【英】艾伦·布朗）—新石器时代（【英】约翰·卢伯克）—铜石并用时代（【意】G·基耶里克）—青铜器时代—早期铁器时代。

考古前身金石学 〉

“金石”一词，最早出现于北宋时曾巩的《金石录》一书，清代王鸣盛等人正式提出“金石之学”的名称。

所谓“金石学”，是以传世的或少量出土商周以来有铭文的铜器（金）和秦汉以来的石刻文字（石）等为主要研究对象，是一门偏重于著录和文字考证，以达到证经补史之目的的学问。

• 汉唐金石学的萌芽

在中国古史中，从传说的禹铸九鼎始，青铜器就被神化而被看作王权的象征；商殷时期，青铜器在人们的社会生活中成为地位、等级的标志；西周时，“藏礼于器”的观念进一步加强，礼乐制度逐渐形成。从春秋战国时期开始，由于王室衰微，诸侯争霸而导致“礼崩乐坏”，但旧制度的衰落并没有使传统的观念完全消失，反而逐渐产生了由怀古而好古进而根据古代实物研究古代制度的风尚。

青铜鼎

东汉袁康《越绝书·宝剑篇》中提出了古代兵器发展序列：“轩辕神农之时，以石为兵；黄帝之时，以玉为兵；禹穴之时，以铜为兵；当此之时，作铁兵。”西晋太康二年（公元 281 年），汲郡人盗发魏国古墓，出土大批竹简，学者们从中整理出《竹书纪年》和《穆天子传》等多种佚书。北魏郦道元为注《水经》曾考察、记录了许多古代遗迹和遗物。

唐初，在陕西凤翔发现先秦时期的“石鼓”，学者和书家多有称述。

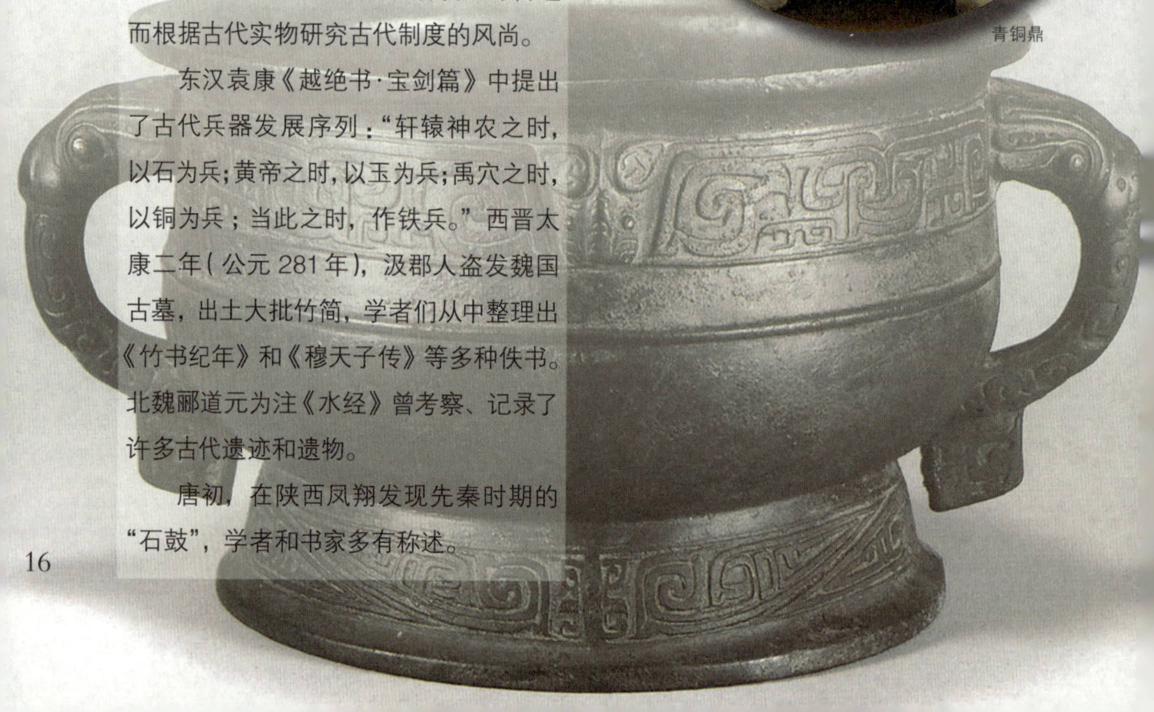

• 宋代金石学的创立

北宋时期，社会渐趋稳定，经济文化日益繁荣。由于统治者为巩固政权而大力奖励经学，加之史学、古文字学、书学等的不断发展，在一定程度上刺激了学者们对新资料的追求。于是，朝野人等竞相研究，形成金石学。

现存最早的研究金石铭刻的著作是宋代欧阳修的《集古录》，成于嘉祐八年（1063年）。

现存最早古器物图录成于元祐七年（1092年），吕大临《考古图》。收商周、秦汉时期的铜、石、玉224件，皆绘图形、款识。

• 清代金石学的兴盛

乾隆年间梁诗正、王杰等先后奉敕编订《西清古鉴》、《西清续鉴甲编》、《西清续鉴乙编》、《宁寿鉴古》，被俗称“西清四鉴”，共收录了清宫所藏铜器4000余件。

刘鹗著录了我国第一部甲骨文材料的专著《铁云藏龟》（1903）；孙诒让撰写了中国第一部考释甲骨文字的著作《契文举例》（1904）。王国维著作了《宋代金石文著录表》、《国朝金文著录表》、《殷周制度考》等。罗振玉著有《流沙坠简》等。他们的研究成果代表了金石学研究的最高水平，堪称金国金石学家之中集大成者，被称为“罗王之学”。

有清一代金石之学的研究范围也不断扩大，除了传统铜器、碑刻外，钱币、墨印、玉器、镜鉴、封泥、瓦当、兵符等也成为著录和研究的对象。

据容媛所辑《金石书目录》统计现存的金石著作中，乾隆以前的700年间，仅有67种，而乾隆以后的200年间却有906种。又据统计，清代以前的金石学家有360人，而有清一代达1058人，占总数的三分之二以上。

《金石录》

《金石录》和《集古录》齐名，前人往往称金石学为“欧赵之学”:即指此《集古》、《金石》两录而言，近代则因有赵明诚妻李清照的后序而知名。赵氏夫妇收集金石拓本、书籍、古器以及最后逐次散失的经过已详记《后序》中。此书的体例是仿照《集古录》，不过是把目和题跋合为一书。全书30卷，前10卷是目录，一共著录2000卷，实际不到2000种，因为少数大碑是一碑分为二卷或多卷的，但已比《集古录目》的1000卷多出许多，这2000卷都按时代先后排列，比《集古录目》的不按时代也是后来居上。后20卷是题跋，不是2000卷都题跋，只题跋了502种，但已是很有用的历史文献。因为和《集古录》一样，这《金石录》所收、所题跋的大部分原石及拓本都已不传，其中唐代的占有很大部分，靠这《金石录》把其中部分内容保存下来。

考古学文化的命名 >

以首次发现的典型遗址所在的小地名作为考古学文化名称的做法，应用得最为普遍。如欧洲的莫斯特文化、梭鲁特文化、马格德林文化，以及中国的周口店文化、丁村文化、小南海文化、仰韶文化、大汶口文化、河姆渡文化等。

以地区或流域来命名的，多为事后弄清这一文化分布范围而命名。如欧洲的多瑙河文化等。

大汶口文化

对发现地点的名称加前缀的，如甘肃仰韶文化、河南龙山文化等，这是因为它们和典型龙山文化有相同处，也有差异处。如果仅属地方性的小差异，当然可采用这种办法，如果差异大到可认为是独立的文化时，那便应该另起一个文化名称。由于发掘地点中不止一个文化，可对地名加后缀，以资区别，如庙底沟二期文化、青龙泉三期文化等。

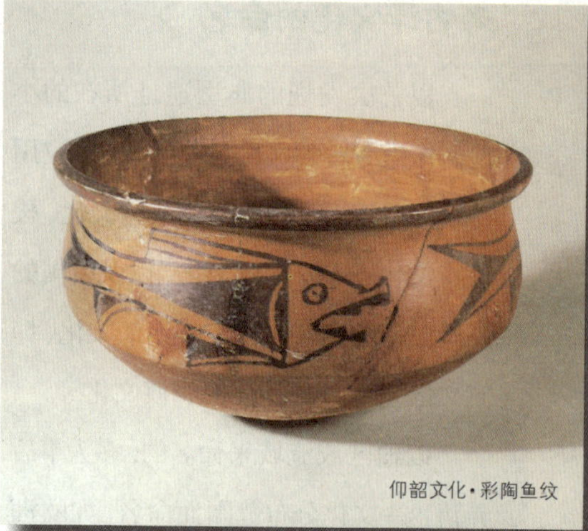
仰韶文化·彩陶鱼纹

以特征遗物来命名的方法也经常被采用，如中国过去所称的细石器文化、彩陶文化、黑陶文化和欧洲的巨石文化、钟杯战斧文化等，不过这种命名，容易以片面的特征代替整个文化的特征，同时这种个别类型的特征遗物，还可能分属于不同的考古学文化，因而近年来已不大为人们所采用。

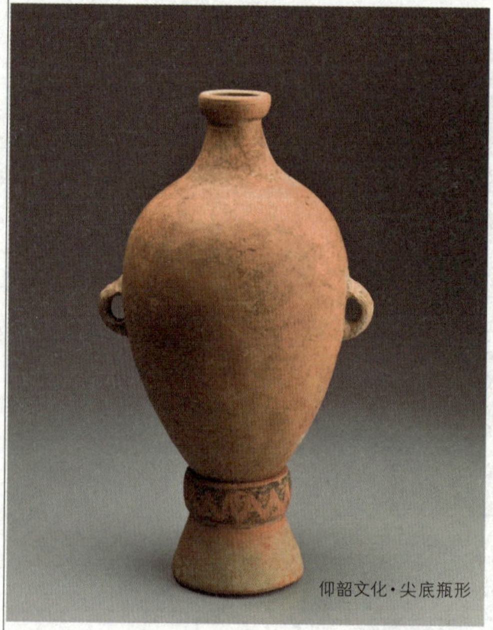
仰韶文化·尖底瓶形

以族别来命名的，如巴蜀文化便是一例，不过这只能适用于较晚的文化，并要经过精确考据，否则易于造成混乱，最好仍以小地名命名而另行指出这种文化可能属于某族。至于历史时期的商周文化、秦汉文化或隋唐文化等，是一般用语的文化，即指一民族在特定时期中各方面的总成就，包括物质文化以外的一切文字记录所提及的各个方面。严格地讲，这与考古学上有特定意义的文化，是要加以区别的。

现代科学技术在考古学中的应用 〉

• 年代测定技术的应用

1946 年，美国芝加哥大学 W.F. 利比教授，发明了利用死亡生物体中碳 14 不断衰变的原理进行测年技术，是考古学家第一次知道了各种史前文化的绝对年代，从而引起了史前考古学上的一次革命。以后随着现代科学技术不断发展，应用于考古学上的测年技术越来越多。

• 勘测技术的应用

• 空中摄影

空中摄影勘测，即利用卫星、飞机等航空器从空中向地面观察和摄影。从空中鸟瞰，视野广阔，比较容易发现地面上难以观察到的现象，如土壤、地形的细微差别，阳光斜射产生的物体阴影，不同季节植物生长状态的对比及土壤湿度等因素在调查区域内形成的不同标志。分析对比各种现象的差别，就可能找到地面或地下遗迹。这一方法对大型遗址或沙漠地区的考古调查，可大大提高工作效率。

• 遥感技术

空中摄影勘查技术的扩展。人眼观察物体是由于来自物体可见光刺激而产生的视觉。而遥感设备取自目标的信息，除了靠物体辐射或反射可见光外，还靠微波、红外线、X 射线等特征，调查时用能接收多个波段地面目标信息的多光谱遥感设备，就能同时获得被勘查地区，突出显示不同目标的多幅图像或信息。分析这些图像或信息，就可能了解到地面遗迹的分布情况。

• 地下勘探

采用地球物理勘探技术，根据大地物理性质的差异勘查地下遗迹、遗物的方法。由古代遗迹、遗物同周围土壤的电阻率不同，并存在着磁性差异，可用地电阻率计（电探测）和磁性测量仪器（磁法探测）或地震雷达等进行探测，对获得的信息进行计算机处理分析和人工解读，从而对地下的遗迹、遗物做出准确的判断。

- 分析鉴定技术的应用

陶器、石器、金属、玻璃等无机物之中的元素及其含量确定的“X 射线荧光分析”、“发射光谱分析”等。

绘画、颜料及食物、油膏、树脂黏剂等有机化合物鉴定的“红外线吸收谱分析”。

确定陶器中的矿物成分及推定其烧制温度的“穆斯堡尔谱分析”和“热分析”等。

上述分析鉴定，可从各个方面获得许多研究信息。如通过金属制品的金相分析可判断古代的金属制造工艺；对青铜器的铅同位素分析则可知道青铜器原料的来源，从而解释古代贸易及文化传播等问题；对人骨中碳的同位素碳 13 和微量元素锶(Sr)的含量分析则可了解古代人类的食物结构和生活环境等。

- 计算机技术的应用

近些年来，计算机技术也开始应用于考古研究。计算机技术主要应用于大量的考古调查和发掘获得的影像、图表、文字、数据等资料的贮存、检索、流通和各种研究信息的分析、运算，以及计算机辅助文物修复、颅骨、人体复原等等。由于计算机的运用，大大减轻了研究者的各种繁重工作，加快考古研究的进程。特别是全球卫星定位仪(GPS) 和计算机地理信息系统软件(GIS) 的配合使用，进一步开辟了新的领域。

古墓的秘密

中国古墓 〉

在秦汉时期，上行下效，多是覆斗式的墓葬，覆斗就是说封土堆的形状，像是把量米的斗翻过来盖在上面，四边见棱见线，最顶端是个小小的正方形平台，有些像埃及的金字塔，只不过中国的多了一个边，却与在南美发现的“失落的文明”玛雅文明中的金字塔惊人地相似。这中间的联系，就没人能推测出来了。

魏晋时期巨大厚实的山石砌成拱形，缝隙用麻鱼胶粘合，这样的石墓在西夜遗迹附近十分常见。19世纪早期，欧洲的一位探险家曾经这样形容：“沙漠中随处可见的石墓，有大有小，数不胜数，有一多半埋在黄沙下面，露出外边的黑色尖顶，如同缩小版的埃及金字塔，在石墓林立的沙漠中穿行，那情景让人叹为观止。”

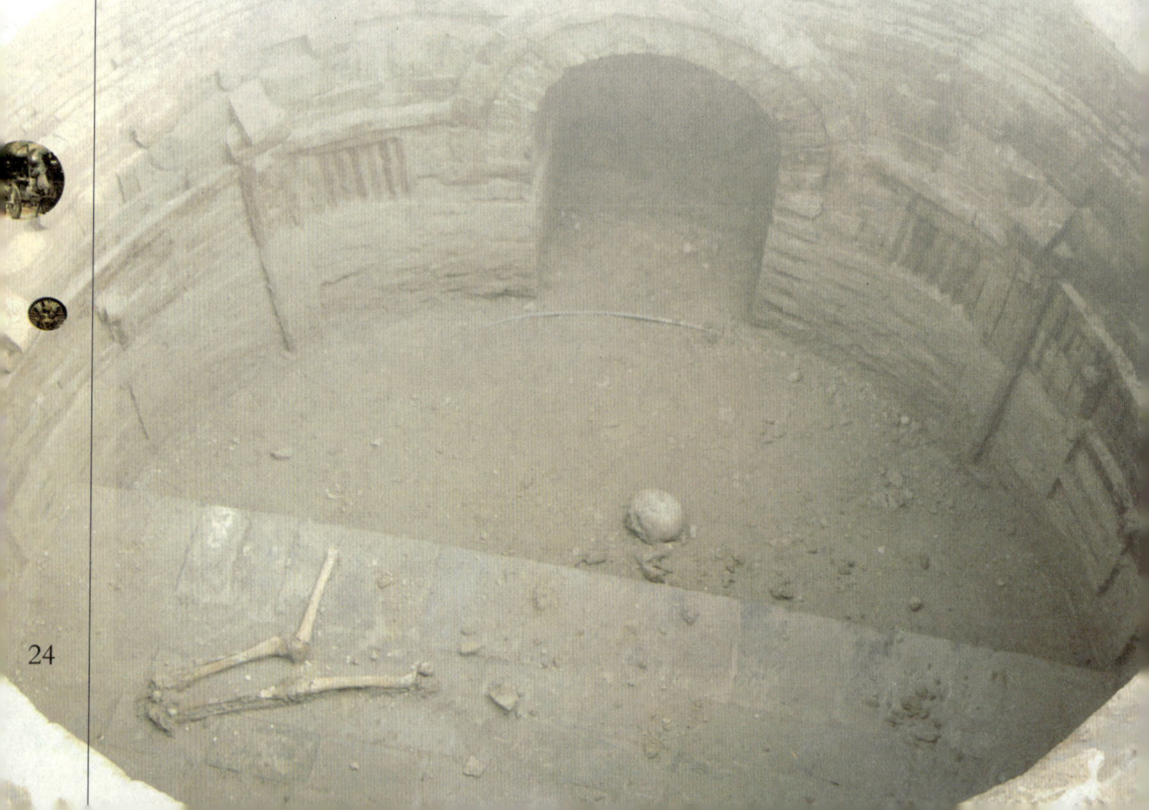

明代显陵

唐代开山为陵，工程庞大，气势雄浑，这也和当时大唐盛世的国力有关，唐代的王陵到处都透着那么一股舍我其谁天下第一帝国的风采。

从南宋到明末清初这一段时期，兵祸接连不断，中国古代史上最大的几次自然灾害也都出现在这一时期，国力虚弱，王公贵族的陵墓规模就不如以前那么奢华了。再后来到了清代，康乾时期，国家的经济与生产力得到了极大的恢复，陵墓的建筑风格为之一变，更注重地面的建筑，与祭奠的宗庙园林相结合。吸取了前朝的防盗经验，清代地宫墓室的结构都异常坚固，最难以下手。

不管哪朝哪代，中国数千年来的墓葬形式，都来源于伏羲六十四卦繁衍出来的五行风水布局，万变不离其中，都讲求占尽天下形势，归根结底就是追求八个字：造化之内，天人一体。

• 中国古墓一般构造

平民一般按照活人宅院设计的，有主室、后室、两间耳室。墓主的棺椁就停在主室正中央。贵族则庞大的多，地宫的墓室分为前中后三部分，门口吊着千斤闸，从闸门进去，首先是一间“明殿”（冥殿），按墓主生前家中堂屋的布置，有各种家具摆设，这些器物称为“明器”（冥器）。再往里，中间的墓室，称为“寝殿”，是摆放棺椁的地方。其后是“配殿”，是专门用来放陪葬品的地方。唐宋年间，王侯墓中多数都有壁画，用来记述墓主生平的。

古墓机关 〉

悬魂梯：勾魂迷道，使人产生错觉，无法找到正确的方向。

落石：流行于唐及之前，一经触动，墓道及墓顶巨石坠下。

暗弩：流行于唐及之前，一经触动，墓室中的隐匿处便会射出弩。

流沙：古墓中机关，一经触动，机关打开，大量沙子冲入掘丘者所在，将掘丘者活生生埋掉。

窝弩：古墓中机关，一经触动，数百只弩箭射出，将掘丘者万箭穿心。

石桩：古墓中的机关，一经触动合抱粗的石柱以机关之力驱动，飞撞掘丘者。

夯土层

天宝龙火琉璃顶：这种结构的工艺非常先进，墓室中空，顶棚先铺设一层极薄的琉璃瓦，瓦上有一袋袋的西域火龙油，再上边又是一层琉璃瓦，然后才是封土堆，只要有外力的进入，顶子一碰就破，西域火龙油见空气就着，把墓室中的尸骨和陪葬品烧个精光，让掘丘贼什么都得不到。

夯土层：墓室的核心防线。一层硬土，坚如磐石，工兵铲敲到上边只有一个白印出现。这是夯土层，顶上有机关保护。这种土是用当时的宫廷秘方调配的，里面混合了一些糯米汁及童子尿等成分，比现代的混凝土都结实。这秘方是北宋皇帝的，后来金国把北宋灭了，这才流传到金人贵族手中。

可以落下的翻板：能把冥殿彻底封死，宁肯破了藏风聚气的虚位，也不肯把陪葬的明器便宜了掘丘者。

腐玉：又名蟦石，或名虫玉，产自中东某山谷。这种虫玉本身有很多古怪的特性，一直是一种具有传奇色彩的神秘物质，极为罕见。古代人认为这种有生命的奇石，是有邪恶的灵魂附在上面，只要在虫玉附近燃烧火焰，从中就会散发出大量浓重得如同凝固的黑色雾气，黑雾过后，附近所有超过一定温度的物质，都被腐蚀成为脓水。一旦腐玉被放入墓内，那便是最厉害的机关，没有防备手持火把的盗墓者就将死于非命。

陵寝驱虫秘药：埋硫黄和水银，加上毒麻散、旬黄芰、懒菩堤等相调和，由于有属性对冲，可以埋在土中，千百年不会挥发干净。功效不只驱虫，亦可防盗。

世界十大著名古墓 >

• 秦始皇兵马俑(中国)

中国第一个皇帝秦始皇在驾崩之前统一了中国，下令修建长城，对中国实行残酷统治。他当时唯一惧怕的是天帝的震怒。他为此下令修建一座庞大的陵墓，让 8000 名真人大小的彩绘武士守卫。有人说，秦始皇陵的顶部是玉石制成的，墓室内有流淌的水银组成的河流。经过了 70 多万劳工和工匠 30 多年的劳作，陵墓才得以竣工。其中许多人还被活活封闭在陵墓内，以免他们泄露有关财宝和人口的秘密。由于采取了上述种种措施，尽管盗墓者在秦始皇死后一直在寻找陵墓的踪迹，但个个无果而终，直到 1974 年农民挖井时才发现了墓址。不过，陵墓本身一直未被打开。根据最近的磁测结果，皇陵中有一座小山似的金银财宝。

• 奈费尔塔里王后陵(埃及)

奈费尔塔里一词的意思是“最美丽的人”，无怪乎她是拉美西斯二世国王最宠爱的妃子。她去世时，这位伟大的法老开始在王陵谷修建规模堪称最大、最为豪华的陵墓。3 个墓室的墙上都贴着描绘着奈费尔塔里王后在“天堂”的生活。其中许多画保存完好，仿佛是昨天才刚刚画就的。可是，盗墓者盗走了奈费尔塔里王后的木乃伊及其佩戴的许多珠宝。

• 图坦卡蒙法老墓（埃及）

图坦卡蒙法老墓在1922年被发现时，是埃及帝王陵中规模最小但保存最为完好的一座。当时在墓中发现了3500多件文物。其棺椁共有七层，外面是四层木质棺椁，里面又有三层，分别为石棺、硬木人形棺和黄金人形棺。最内层的是黄金颜面肖像人形棺，前后均用3厘米厚的金板制成，长187.5厘米，宽51.3厘米，重134.3千克。黄金颜面肖像人形棺表面装饰豪华，工艺精湛，还用蓝宝石、玻璃等进行了装饰。棺内即为图坦卡蒙法老的木乃伊，木乃伊的面部佩戴着黄金面具。

图坦卡蒙真实面容

图坦卡蒙因以下两个原因使他闻名遐迩：一是世界上发现的第一座国王的墓；二是他的那些臭名昭彰的诅咒。墓本身小得出奇，以致不得不利用墓室边上的一个洞穴来存放陪葬的财宝。图坦卡蒙法老墓自挖掘以来，一些华丽的陪葬品曾在世界各地的博物馆展出。与此同时，从上世纪20年代开始盛传任何进入其墓地的人都将遭受厄运的诅咒，这种说法一直延续至今。

• 文身并身披盔甲的皇后墓（秘鲁）

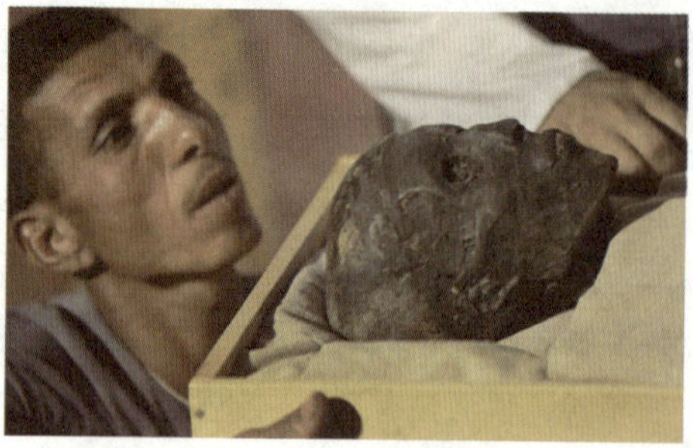

在秘鲁出土的一具莫切时期的木乃伊令所有人都感到困惑。这名女性木乃伊下葬时身披皇家武士的所有盔甲，而据认为莫切时期的领导人都为男性；这名女性的尸体被紧紧包裹着，身上被一种红色的矿物质涂抹，安放在一座土坯墓穴中。在其身旁躺着一名陪葬的少女，散落着一顶金王冠和一只金碗。此墓是在皇家禁地一个金字塔似的山头上被发现的，据说其后人就在这里焚烧祭祀她的物品。

• 巴勒莫嘉布遣会修士的地下墓穴（意大利）

1599 年，西西里岛巴勒莫嘉布遣会的修士在一座修道院下发现了一些地下墓穴，在墓穴中有一些制作木乃伊的完整工具。于是，他们决定在刚刚去世的一名修士身上试试这种技术。从那时起直到 1880 年这种行为被禁，制作木乃伊的风气一直在西西里岛上盛行。时至今日，人们还可以在当地看到身着各时期服饰的，腐烂程度不一的，高高悬挂着的尸体。

- 萨顿胡（英国）

萨顿胡是7世纪皇家墓地。1939年，考古发掘显示这个墓是一条盎格鲁—撒克逊时期的快速战船，长27米，宽4.2米，中间为墓室。墓内装有很多珠宝，据推断它们属于英格兰最早的一位国王东英吉利国王雷德沃尔德。墓地的酸性土壤意味着只有铆钉和船的形状尚可存在，此外还有一些迹象显示那里曾经躺过墓室的主人。

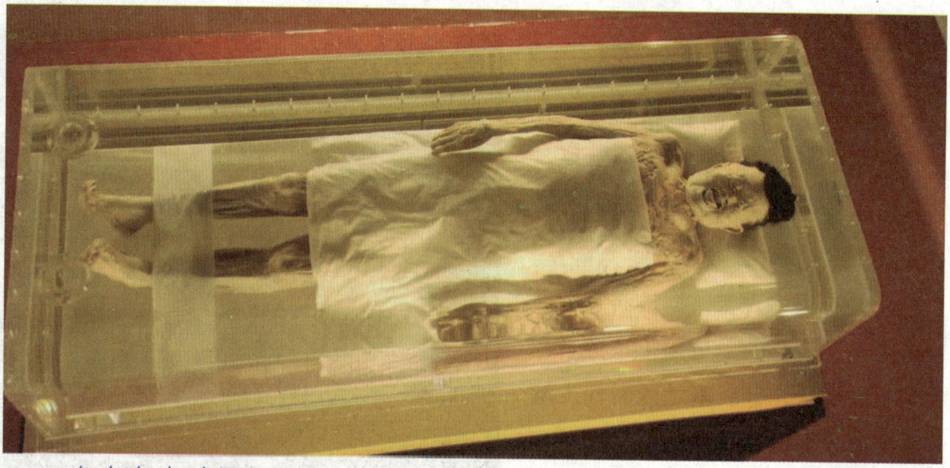

• 车大女士(中国)

1972 年，为了修建一座防空洞，中国建筑工人在长沙马王堆挖掘时发现了西汉时期的贵夫人车大女士的墓室。这名车大女士是西汉初期长沙国丞相利仓的夫人。她死时，大量珍贵物品随其一同下葬：乐器、漆器、陶器、食品、药材、衣物、帛画以及数十个木制仆人和卫兵。车大夫人的尸体是迄今发现的保存最完好的湿尸，其面容清晰可辨，头发光鲜，皮肤湿润，肌肉有弹性，内脏器官完好。考古学家现在正想方设法弄清楚是墓室的设计还是某种古代防腐处理技术使她保存得如此完好。

• 吼叫的狮子（意大利）

一名盗墓者带着意大利警察来到罗马北部的一座小山前，山里有一座古墓，里面葬的是伊特鲁里亚（意大利中西部古国）一位英勇善战的王子。该地下墓室装饰着迁徙的鸟群和吼叫的狮子——尽管一些人声称这些“狮子”可能是鹿或马。这是公元前 700 年的绘画遗迹，是欧洲最早的墓室湿壁画。警察还在墓室内发现了一把剑，一些希腊花瓶以及一辆铜制双轮战车。

• 庞贝（意大利）

当公元 79 年爆发的维苏威火山将罗马古城庞贝埋葬于地下时，它就变成了一座巨大的墓地。庞贝在地下隐藏了 1500 多年，直至 1599 年，一名建筑师在挖沟渠（以使河水改道）时再次发现了它。150 年后，考古学家开始陆续挖掘其遗址。19 世纪 60 年代中期，一个名叫朱塞佩菲奥雷利的考古学家意识到，灰烬中的洞眼是已腐烂的尸体留下的空间。他将石膏注入洞眼内，由此得到的石膏模型呈现了人与动物在试图逃跑时被冻结的瞬间画面。

萨顿胡选择船葬的原因是什么？

1939年，在英国萨福克郡伍德布里奇附近的萨顿胡发现了一批宝藏。这些珍宝被藏在一条24米长的船里，埋在一座土堆的下面。这是遵循斯堪的纳维亚人的丧葬方式，将人葬在船中，以帮助他们踏上通往冥府之路。

然而在发掘这艘船的过程中，却并未发现尸体。它仅仅是一份献给死于公元7世纪，已葬于别处的一位盎格鲁—撒克逊国王的精美纪念品。

那时候，英国被分为数个小王国，所以他肯定是一个小王国的国王，但没人知道他的姓名。也许他是一个基督教徒，而船葬这一仪式是为了使他手下那些不信仰基督教的贵族们相信，他会为他们死后的生活做好准备。

他显然很富有。珍宝中有一个装饰得极其华美的腰带扣子。它用纯金制成，重412克。

来到英格兰的盎格鲁人和撒克逊人极其排斥罗马文化，包括使用拉丁语。他们带来了第一部不属于地中海文化的文学作品。盎格鲁—撒克逊人的史诗《贝奥伍尔夫》叙述了5世纪时发生在斯堪的纳维亚的一些大事，那时当地的英雄贝奥伍尔夫杀死了一头可怕的怪兽，它名叫格勒代尔，曾对附近的王国造成过很大的威胁。

船中还有这顶华美的铁头盔，用镀金和镀银加以装饰，还镶有石榴石。

在萨顿胡挖掘出的一艘葬船中，珍宝包括一个黄金的钱匣盖子和两只饮酒的角杯。

萨顿胡陪葬品

庞贝的艺术成就

被发掘出来的庞贝城，其中保留了大量壁画。根据这些壁画，罗马壁画被划分为庞贝第一、二、三、四风格。第一风格为镶嵌风格，即在墙上用灰泥塑好建筑细部，做出凹槽分割墙面，涂上颜色，造成彩色石板镶嵌的幻觉效果；第二风格为建筑风格，即在墙面上用色彩画出建筑细部，用透视法造成室内空间比实际上要宽敞得多的幻觉效果，并在墙面中央安排场面较大的情节性绘画；第三风格是埃及风格，强调平面感，描绘精致，在墙面用彩色绘制小巧玲珑的静物和小幅神话场面，具有典雅的装饰感；第四风格是庞贝的巴洛克风格，与17世纪欧洲流行的巴洛克风格相近似，在墙上描绘一层层非常逼真的景物，又繁琐，又富丽，具有空间感和动感，色彩很华丽。庞贝城有名的壁画《密祭》就是第二风格的代表作，表现了对酒神狄奥尼索斯的秘密献祭。在深红色的背景上，密祭的场面一步步展开，那些紧张的少女、狂饮的萨陀尔和焦虑的女信徒都处于一种肃穆、神秘和紧张的气氛中。

厄茨人是个什么样的人？

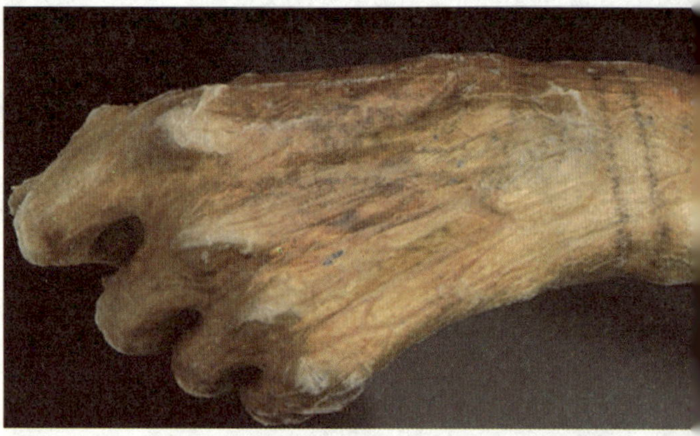

厄茨人是一个生活在5000年前的铜器时代的男子。1991年，德国旅行者在靠近意大利和奥地利边界附近的阿尔卑斯山厄茨河谷的一处冰川发现了这具携带工具的冰冻干尸。研究表明他死时的年龄在40—50岁，身高1.6米，他吃的最后一顿饭是羚羊肉和鹿肉，还有谷物和水果。他的肩部肉内有一个箭头，身上还留有另外4个人的血迹，他手上的伤口和伤痕表明厄茨冰人是被人杀害的。自1991年以来，8名与这具冰冻干尸有关联的人先后死去——这引起了有关者将遭受厄运的诅咒的谣传。但是世界著名厄茨冰人研究专家、考古学家康拉德·斯平德勒驳斥了这种说法，说：“这纯属媒体的渲染。下一次你们该说我将是下一个要死的人了。”但事情就是这样巧，斯平德勒说过这话后没过多久就去世了。

定东陵慈禧慈安墓奢华吗？

由裕妃园寝再往西是安葬东、西太后的定东陵。西太后慈禧陵在普陀峪，东太后慈安陵在普祥峪，二陵原皆于同治十二年（1873年）兴建，形制、规模相仿，但慈禧陵于光绪年间全面重修，因此其建筑之华丽精美冠于东陵。尤其隆恩殿殿里殿外都装饰贴金彩绘，殿内明柱也盘旋金龙，可谓金碧辉煌；殿前的汉白玉台基中央有透雕的龙凤陛石，其构图为“凤上、龙下”，充分显现其权势独揽的野心。慈禧陵也有清代后陵中唯一的地宫，据记载，地宫内随葬有大量的金玉珠宝，其中一对万寿壶共嵌有珍珠1288粒、红宝石56件、蓝宝石18件，被视为稀世珍宝。可惜，1928年定东陵发生震惊中外的盗陵巨案，随葬品几乎被盗光，现地宫内仅存空棺一口，而贴金的内壁、石柱也受到极大的破坏，只留形制、规模供游客参观而已。

多样的秦陵兵马俑 〉

• 军士俑

车士，即战车上除驭手，驾车者之外的士兵。一般战车上有两名军士，分别为车左俑和车右俑。车左俑身穿长襦，外披铠甲，胫着护腿，头戴中帻，左手持矛、戈、戟等长兵器，右手作按车状。车右俑的装束与车左俑相同，而姿势相反。它们都是战车作战主力，但据文献记载，它们在兵器配置和作战职责上有着一定的区别。从秦俑坑战车遗迹周围发现的兵器看，秦代战车上的车左和车右均手持戈、矛等格斗用长兵器及弓弩等兵器，说明战车上车左、车右的分工并不十分明确。在战车上，除了矛驭手和车左、车右俑外，还发现有指挥作战的军吏俑。军吏有高低之分，负有作战指挥的职责。

• 立射俑

立射俑在秦俑中是一个较为特殊的兵种，出土于二号坑东部，所持武器为弓弩，与跪射俑一起组成弩兵军阵。立射俑位于阵表，身着轻装战袍，束发挽髻，腰系革带，脚蹬方口翘尖履，装束轻便灵活。此姿态正如《吴越春秋》上记载的“射之道，左足纵，右足横，左手若扶枝，右手若抱儿，此正持弩之道也。”立射俑的手势与文献记载符合，说明秦始皇时代射击的技艺已发展到很高的水平，各种动作已形成一套规范的模式，并为后世所承袭。

• 跪射俑

跪射俑与立射俑一样，出土于二号坑东部，所持武器为弓弩，与立射俑一起组成弩兵军阵。立射俑位于阵表，而跪射俑位于阵心。跪射俑身穿战袍，外披铠甲，头顶左侧挽一发髻，脚蹬方口齐头翘尖履，左腿蹲曲，右膝着地，上体微向左侧转，双手在身体右侧一上一下作握弓状，表现出一个持弓的单兵操练动作。在跪射俑的雕塑艺术中，有一点非常可贵，那就是他们的鞋底，疏密有致的针脚被工匠细致地刻画出来，反映出极其严格的写实精神，让后世的观看者从秦代武士身上感受到一股十分浓郁的生活气息。

• 武士俑

武士俑即普通士兵，平均身高约 1.8 米。作为军阵主体，在秦俑坑中出土数量为最，可依着装有异分为两类，即战袍武士和铠甲武士。它们作为主要的作战力量分布于整个军阵之中。战袍武士俑大多分布于阵表，灵活机动；铠甲武士俑则分布于阵中。两类武士皆持实战兵器，气质昂扬，静中寓动。

• 军吏俑

军吏俑从身份上讲低于将军俑，有中级、下级之分。从外形上看，头戴双版长冠或单版长冠，身穿的甲衣有几种不同的形式。军吏俑除了服饰上与将军俑不同外，精神气度上也略有差异，军吏俑的身材一般不如将军俑体魄丰满魁伟，但整体上比较高大，双肩宽阔，挺胸伫立，神态肃穆。更多的表现出他们勤于思考、勇武干练的一面，有的思念家乡。

• 骑兵俑

骑兵俑出土于一、二号坑，有 116 件，多用于战时奇袭。由于兵种的特殊，骑兵的装束显然与步兵、车兵不同。他们头戴圆形小帽，身穿紧袖、交领右衽双襟掩于胸前的上衣，下穿紧口连裆长裤，脚蹬短靴，身披短而小的铠甲，肩上无披膊，手上无护甲。衣服短小轻巧，一手牵马，一手持弓。从这种特殊的装束中，我们可以清楚地看出，从古代骑兵战术出发，骑士的行动敏捷是一项基本的要求。二号坑出土的骑兵形象，是迄今为止我国考古史上发现的最早的骑兵实物。因而对研究当时骑兵服饰和装备提供了十分珍贵的考古资料。

• 驭手俑

驭手俑为驾驶战车者，在三座俑坑中均有出土，他们身穿长襦，外披铠甲，臂甲长及腕部，手上有护手甲，胫着护腿，脖子上围有颈甲，头上带有巾帻及长冠，双臂前举作牵拉辔绳的驾车姿态。由于古代战争中战车的杀伤力极强，因而驭手在古代战争特别是车战中，地位尤为重要，甚至直接关系着战争的胜负。

• 高级军吏俑

高级军吏俑，俗称将军俑，在秦俑坑中数量极少，出土不足10件，分为战袍将军俑和铠甲将军俑两类，其共同特点是头戴鹖冠，身材高大魁梧，气质出众超群，具有大将风度。战袍将军俑着装朴素，但胸口有花结装饰，而铠甲将军俑的前胸、后背以及双肩，共饰有8朵彩色花结，华丽多彩，飘逸非凡，衬托其等级、身份，以及在军中的威严。

• 百戏俑

与宫廷杂耍、表演有关。已修复的几件陶俑，举止神态各异，滑稽可笑，有的像是持竿者，有的像是角斗士，有的还有“啤酒肚”，腰间系着小裙子，为当时杂耍打扮，呈现出明显的百戏特色。百戏俑坑平面呈“凸”字形，坑体东西长 40 米，西端宽 16 米，东端宽 12.3 米，该陪葬坑总面积约 800 平方米。

兵马俑的制作方法

兵马俑多用陶冶烧制的方法制成，先用陶模作出初胎，再覆盖一层细泥进行加工刻划加彩，有的先烧后接，有的先接再烧。其实当年的兵马俑各个都有鲜艳和谐的彩绘。我们发掘过程中发现有的陶俑刚出土时局部还保留着鲜艳的颜色，但是出土后由于被氧气氧化，颜色不到一个小时瞬间消尽，化作白灰。能看到的只是残留的彩绘痕迹。兵马俑的车兵、步兵、骑兵列成各种阵势。整体风格浑厚、健壮、洗练。如果仔细观察，脸型、发型、体态、神韵均有差异：陶马有的双耳竖立，有的张嘴嘶鸣，有的闭嘴静立。所有这些秦始皇兵马俑都富有感染人的艺术魅力。

地宫谜团

地宫就是僧人们圆寂后使用的墓地，是为埋藏“舍利（佛教高僧遗体火化后的遗存物）”在塔基下建的地窖。早期的塔舍利放在塔刹，南北朝渐兴在塔下埋藏舍利。最初只是将放有舍利的宝函直接埋于地下，以后逐步发展为建地宫埋藏宝函。地宫是石雕刻和石结构相结合的典型建筑，是陵寝建筑的重要组成部分，为安放死者棺椁的地方。

地宫构造形式 〉

地下宫有一道石门，隧道有三道石门，构造形式和关闭的方法皆相同。每道门都是二扇，用铜包裹门枢，按在铜制的坎上。在门坎的平行线内面汉白玉石铺成的地上，紧挨着石门下角里面，凿有两个约有半个西瓜大小的石坑；对着这两个石坑里边约二尺之地面上，也凿有两个浅坑（仅是两个凹舀），并在这深浅坑中间凿出一道内高外低的浅沟。另外每扇石门都预制好西瓜大小的石球一个，放于石门里面的浅坑上。当奉安（下葬）礼成、关闭石门的时候，二扇门并不合缝，中间离有三寸空隙。然后用长柄钩从石门缝伸进去，将浅坑里的石球向外钩拉，这石球就沿着已凿好了的小沟滚进了门边的深坑，合了槽，恰好顶住了石门。从此，除非设法破坏，否则这石门就不能打开。

法门寺地宫 〉

寺里的珍宝数量之多、价值之珍贵是在其他寺庙中见不到的。法门寺也可以说是一座罕见的文物宝库。

法门寺位于陕西省扶风县城北10千米的法门镇。距西安百余千米，是我国境内安置释迦牟尼真身舍利的著名寺院，始创于东汉。原寺规模很大，寺内占地面积100余亩，拥有24座院落，唐时有僧人500余名。寺内有一座八棱13层宝塔，高47米，1至12层共有89个佛龛，为仿木结构建筑形式，每层有出檐斗拱，工精，纹饰华丽。塔底还有题额，分别为“真身宝塔”、“美阳重镇”、“舍利飞露”、“浮图耀日”等字。塔因年久失修，于1981年8月塔身半壁倒塌。1987年，国家拨款重建法门寺塔，在清理塔时发现了石函封闭的地宫。地宫内珍宝之多，令人目眩。

法门寺珍宝

法门寺地宫是我国迄今发现的最大佛塔地宫，由砖砌踏步、隧道、前室、中室、后室等组成，全用石头砌筑，共有石门4道，建筑构造宏伟壮观，为唐时所建。地宫内的珍宝，最为贵重的是藏于八重宝函之内的释迦牟尼的真身舍利。据专家们考证、勘验，认定这确是唐代皇帝多次迎奉的释迦牟尼佛的真身舍利，也是已知世界上仅存的佛指舍利。

地宫内还有金银器121件，玻璃器17件，秘色瓷器16件，石质器12件，铁质器16件，漆木及杂器19件，珠玉宝石等约400件、粒，还有大批纺织物品。上述这些物品都是唐代内廷所藏，品种繁多，做工精巧，价值连城，为世所罕见。经专家鉴定，确认这批稀世之宝有10个“世界之最”。地宫出土的4枚佛指舍利，是当今佛教界的最高圣物；地宫是世界上目前发现时代最久远、规模最大、等级最高的佛塔地宫；地宫文物陈设方式是目前在世界上考古发掘中发现最早的曼陀罗密

宗仪规；发现13枚玳瑁币，是世界上目前发现的最为珍贵的古代货帛品类；一套金银茶具，是世界上发现时代最早、等级最高的宫廷茶具；长达1.96米的鎏金4轮12环金花锡杖，是目前世界上发现时代最早、体形最大、等级最高、制作最精美的佛教法器；13件宫廷专用瓷——秘色瓷，是世界上发现有碑文记载证实的最早、最精美的宫廷瓷器；世界上古代丝绸品类和工艺品种最多的一次考发现；珍藏佛指舍利的八重宝函，是世界上发现最精美、层数最多的宝函；宝函上錾刻的金刚界大曼陀罗坛场图。

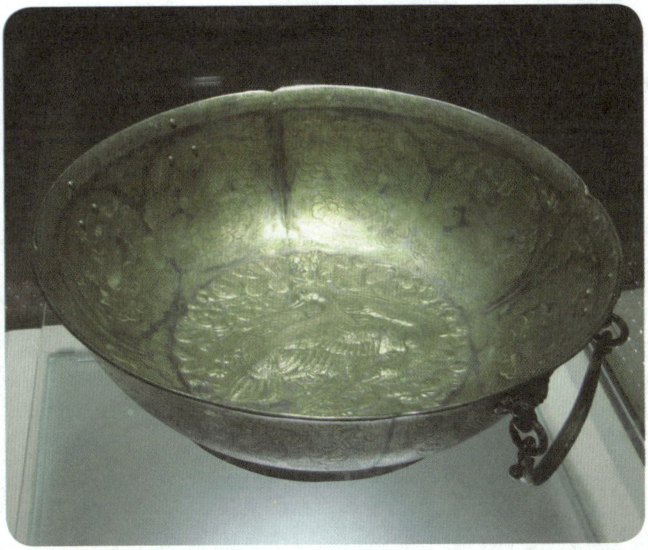

为什么法门寺内藏有如此多的珍宝？原来法门寺系隋、唐皇家寺院。唐代皇帝先后8次来这里迎奉舍利，每次迎奉之后，皇帝便回赠大量珍宝，这些珍宝便藏于地宫之内。

秦皇地宫巨大陵寝神秘莫测 >

千百年来围绕着秦陵地宫引发了许多神奇的传说故事。《三辅故事》记载，楚霸王项羽入关，曾以30万人盗掘秦陵。在挖掘过程中，突然一只金雁从墓中飞出，这只神奇的飞雁一直朝南飞去。斗转星移过了几百年，三国时期，宝鼎元年公元266年，有人送只金雁给名曰张善的官吏，他立即从金雁上的文字判断此物出自始皇陵……这类神奇的传说更是给秦始皇陵蒙上了一层神秘的色彩。

坐落在骊山脚下的那座小山包就是秦始皇的坟墓，山包下便是那幽深而神秘的地宫。封土北侧有寝殿礼仪建筑群、饲官建筑群，封土外有两道长10千米的内外城垣，封土周围及东、西、南、北侧分布着数百座地下陪葬坑，秦始皇陵园封土、地宫、内外城垣形制及其礼仪建筑和布局都不同于先秦任何一座国君陵园。这座帝陵陵寝规模恢宏、设计奇特。陵园工程之大、用工人数之多、持续时间之久都是前所未有的。

第一位记录秦始皇陵的是史学大师

司马迁。他在《史记·秦始皇本纪》中留下160个字的记录。《史记》记载始皇陵"坟高五十余丈。"以当时的尺值折算其高度在115米左右。1961年当地文管部门测量的高度为43米。1982年，有人再次测得结果是坟高55.05米。后来航空测量的海拔高度也与之相近。可见两千余年来的水土流失，封土高度比原来下降了二分之一多。封土底边为长方形。南北长515米，东西宽485米，占地面积近25万平方米。

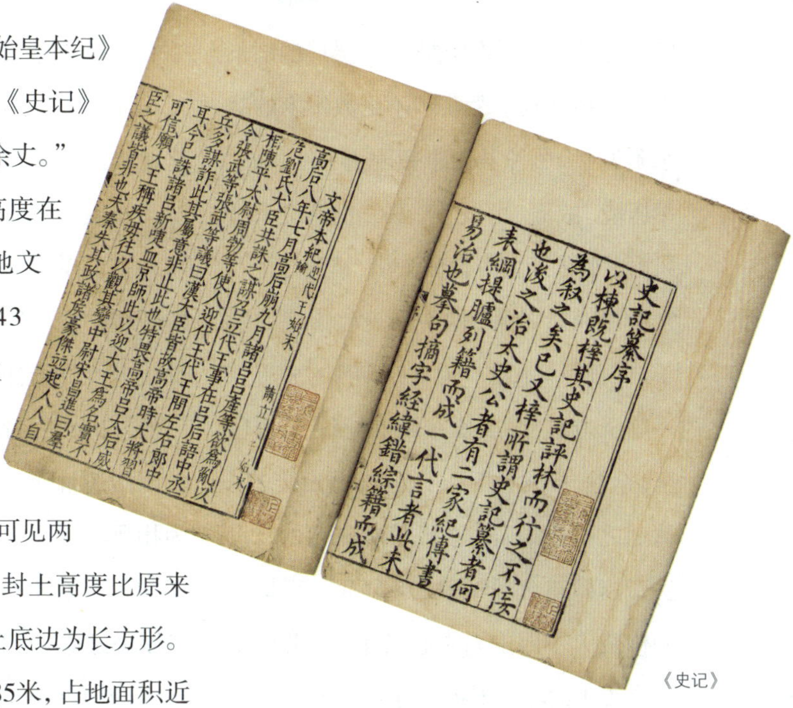
《史记》

陵园工程的修建伴随着秦始皇一生的政治生涯。当他13岁刚刚登上秦王宝座时，陵园工程就开始了。古代帝王生前造陵并非秦始皇的首创。早在战国时期诸候国王生前造陵已蔚然成风。如赵肃侯"十五年起寿陵"（《史记·赵世家》）。还有平山县中山国王陵墓也是生前营造的。秦始皇只不过是把国君生前造陵的时间提前到即位初期。陵园工程的修建直至秦始皇临死时还未竣工。纵观陵园工程，前后可分为三个施工阶段。

自秦王即位开始到统一全国的26年为陵园工程的初期阶段。这一阶段先后展开了陵园工程的设计和主体工程的施工。初步奠定了陵园的规模和基本格局。从统一全国到公元212年，这9年当为陵园工程的大规模修建时期。《 史记》记载："及并天下，天下徒送诣七十余万。"经过数十万人9年多大规模的修建，基本完成了陵园主体工程。自公元212年到公元前208年冬，历时3年多是工程的最后阶段。这一阶段主要从事陵园的收尾工程与覆土工作。尽管陵墓工程历时三十七八年之久，整个工程最后仍然没有竣工。当年爆发了一次波澜壮阔的农

民大起义。起义军领袖陈胜、吴广的部下周文率兵打到了距陵园不足数千米的戏水附近（今临潼县新丰镇附近）。面临大军压境、威逼咸阳之势，秦二世这位未经风雨考验的新皇帝惊慌失措，情急之下召来群臣商讨对策，他一副丧魂落魄的样子，向群臣发出了“为之奈何”的哀求。一阵沉寂之后，少府令章邯建议：“盗已至，众疆，今发兵近县不及矣，骊山徒多，请赦之，授兵以击之。”惊魂未定的二世皇帝当即迎合，拍板决定由章邯直接率领修陵大军回击周文起义军。至此尚未完全竣工的陵园工程不得不中止。

秦陵工程设计者不仅精心选择了一处风水宝地，对陵园总体布局的设计更是颇具匠心。

秦始皇陵园以高大的封冢为中心，封冢外有两道回字形夯土城垣，外城垣四面各置一门。东门位于封土正中的东西轴线上，门阙规模最大。内城除北墙开两门外，其余三面各开一门。尤其内城南门的阙门遗址至今仍屹立于封冢之南，蔚为壮观。

几千年过去了，秦陵那座高大如山的封冢仍然屹立于骊山脚下，当年那长达10千米的内外夯土城垣早已残缺不全。现

在能看到的只有内城西墙残存的一段城墙。那一座座宏伟的地面建筑早在两千多年前就遭到项羽的焚烧，在残存的废墟上，考古工作者发现了陵寝建筑群遗址，规模宏大，集中分布于封土北侧、内城西半部。在封土西北的内外城垣之间还发现一处地面建筑群。据清理的三组房屋建筑基址来看似为饲官建筑。饲官建筑遗址的南北两侧还有几组尚未发掘的地面建筑，其规模也相当可观。

20世纪60年代之前所有关于秦始皇陵的推测只能停留在文献记载与传闻的基础上。1974年3月29日，当下河大队西杨村生产队的几位农民一镢头惊醒了沉睡的兵马俑之时，它们立刻震惊了世界。这一惊人的发现，也撩起了秦陵神秘面纱的一角。

秦始皇陵是一座充满了神奇色彩的地下“王国”。那幽深的地宫更是谜团重重，地宫形制及内部结构至今尚不完全清楚，千百年来引发了多少文人墨客的猜测与遐想。在司马迁笔下仅留下极为简略的记载：“穿三泉，下铜而致椁，宫观、百官、奇器珍怪徙藏满之。令匠作机弩矢，有所穿近者辄射之。以水银为百川、江河大海，机相灌输，上具天文，下具地理。以人鱼膏为烛，度不灭者久之。”考古专家们以此为线索，努力寻找着能揭开秦陵地宫之谜的种种蛛丝马迹。

宋陵地宫 〉

北宋皇陵共分为四大陵区：赵弘殷的永安陵在嵩山太室山主峰峻极峰以北开陵后，赵匡胤的永昌陵在永安陵的西北400米处设陵，赵光义的永熙陵在永昌陵西北1000多米处设陵，是谓西村陵区；宋真宗的永定陵在西村陵区的正北再开新陵区，是谓蔡庄陵区；宋仁宗的永昭陵在蔡庄陵区正北再开新陵区，宋英宗的永厚陵设在永昭陵西北200米处，是谓孝义陵区；至此，帝陵区已延伸到洛河之滨，宋神宗的永裕陵只好“迎头赶上”，在西村陵区以西3千米处开辟新的陵区，宋哲宗的永泰陵设在永裕陵西北600米处，是谓八陵陵区。

仁宗死后，停丧于宫中，然后朝廷派人赴巩义勘定陵址，选中的地方有两个：一是永安县（真宗时划出今巩义、登封、

偃师三地交界处的陵区设置陵邑，名永安县，徽宗时升为永安军）城区，即今巩义城区。当时大臣们讨论认为，在永安县城区建陵需要搬迁成千上万的民户，工程量太大，时间紧迫，恐怕在7个月内难以完工。宋代皇帝死后才开始建造陵墓，且7个月内必须下葬并把圣容也就是皇帝的灵魂归于太庙。于是决定在孝义堡（即今葬地）建陵。当时，芝田的风水仙霍道全提出这地方不吉利（其实司天监的首选陵区也是永安县城区），因为当时这地方叫“和儿原”，因此被认为此非佳兆。果然，不到4年，仁宗的继位者宋英宗赵曙（仁宗有三子均早死，赵曙4岁时被抱养宫中，他系太宗之孙）就晏了驾（英宗继位第4天就开始害病，卧床不起）。

宋神宗一生坎坷——王安石变法风云激荡；战场上的惨败让他声泪俱下，直哭得满朝大臣个个“不敢仰视”。这位奋发图强的君王从此郁郁寡欢，“惊悸患病”，怀抱未竟之志“仓猝晏驾”。他葬身的永裕陵如今也是诸皇陵中保护最差的一个，10多个石刻雕像掉了脑袋，看守陵区的房子也被守陵员出租。永裕陵附近烟囱林立，污水也流到了石刻雕像的脚下，而整个陵区则处在一个大坑之中。

宋哲宗当政期间国是日非，党争纷乱，他束手无策，“要做的事很多，却不见做出一件”，种下了宋亡的祸根。著名思想家王夫之评论哲宗一朝政事时说“无穷之祸，自此贻之”，蔡京就是他的“遗产”。他死后，其灵柩在开封至巩义的路途中饱受大雨，因道路泥泞灵柩没能如期抵达巩义，延误了赵匡胤以来“七月而葬”的惯例。后来，他的尸骨被盗墓者抛在荒野，再后来，他的继位者徽宗乃至钦宗死于异国他乡，没能归葬“老坟”。也因此，北宋虽然有9个皇帝，巩义却只有“七帝八陵”。

穷一国之财力、物力，集中天下的能工巧匠所营建的帝陵，并没有尽归于土。开封地上的砖木皇宫早就灰飞烟灭了，巩义的皇堂还安睡于地下。“皇家无小事，死事如生事”，巩义诸陵的皇堂，无论从建设难度、用工数量、耗费钱财等方面来看，都不会逊色于开封的皇宫。皇堂高20多米，面积约3000平方米。一个皇堂至少像现在的3幢7层高、3个单元的居民楼加在一起那样大！巩义市的地下埋葬着8个这样的庞然大物。皇后、亲王、大臣的地宫规模稍小一些，但数量极大，有1000多座。

乾隆地宫 〉

乾隆朝是清王朝的鼎盛时期，他的陵墓修建时间长，规模大，地宫建筑工艺水平高。埋葬乾隆皇帝的裕陵地宫深54米，总面积372平方米，完全是传统的拱券式石结构。由一条墓道、四道石门和三个主要堂券组成，平面呈“主”字形。第一道石门叫罩门，门楼上的出檐、瓦垅的吻兽，都用汉白玉雕成，雕凿细巧。石门两壁各浮雕四天王像，大小与真人相仿，形态多姿，线条清晰。过罩门洞是明堂，安放帝后的“册”、“宝”之类。进入第四道石门，就是地宫的中心。这里券顶刻着三大朵佛花，东西墓壁各雕慈氏、普贤菩萨和佛教“八宝”。所有大理石壁面和券顶，布满了佛教题材的雕刻装饰和用梵文（古印度文）、蕃文（藏文）两种文字镌刻的经文，字体端庄，雕刻刚劲挺拔，技艺精湛。整个地宫雕刻主从得当，轻重分明，虚实配合，在视觉上富有节奏感，是我国罕见的一座地下石雕艺术宝库。

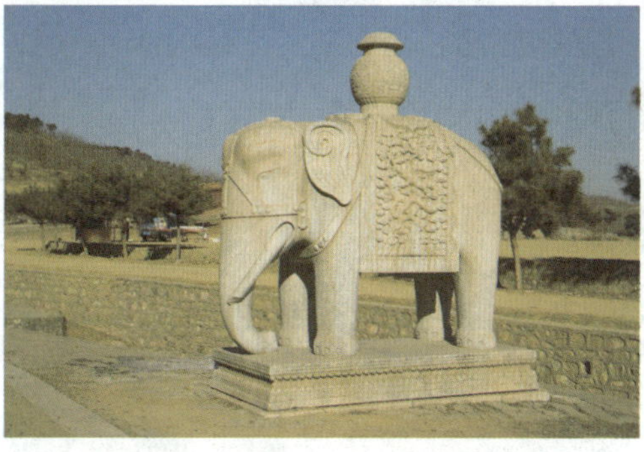

遗址探索

埋藏地下的遗址的发现多与人类活动有关，如农业生产、建筑工地施工等；很多古代遗址属于探险发现。古代城市、古代建筑遗址多为残垣断壁，各种生活用品表现为残破和不完整，但可以通过考古和人类学研究寻找人类生活轨迹。很多遗址属于战争、灾难之后的遗存。

遗址分类 >

• 旧石器地点

人类起源于地质年代的第三纪末，考古学上的旧石器时代相当于更新世时期。中国目前所知人类化石产地和旧石器地点共计 200 余处，除新疆、海南两个省(区)外，各地都有发现，特别是旧石器时代晚期的遗存分布很广。这些地点的地层堆积，主要有 3 种类型：

1. 河湖相堆积。元谋猿人遗址是一处典型的地点，沉积物以粉沙亚黏土和黏土为主，猿人化石和石器出自沉积层的下部。丁村遗址和水洞沟遗址，是在黄土底部的砂砾层中发现人类化石和石器。

2. 土状堆积。北方是在黄土层下的红色土层中发现人类化石和石器，蓝田猿人遗址的公主岭、陈家窝村两地点都是如此。南方则在耕土层下的红土层中找到石器或化石。

3. 洞穴堆积。最有代表性的周口店遗址，第一地点(即北京猿人产地)为长约 140 米、宽约 20 米的巨大山洞，角砾岩堆积厚达 30 余米。金牛山遗址、和县猿人遗址、穿洞遗址等地点，也是比较典型的洞穴堆积。另外，大窑遗址是广泛分布于山坡冲沟的石器打制场，腊玛古猿化石地点则在第三纪褐煤层中发现古猿化石。

• 新石器时代聚落遗址

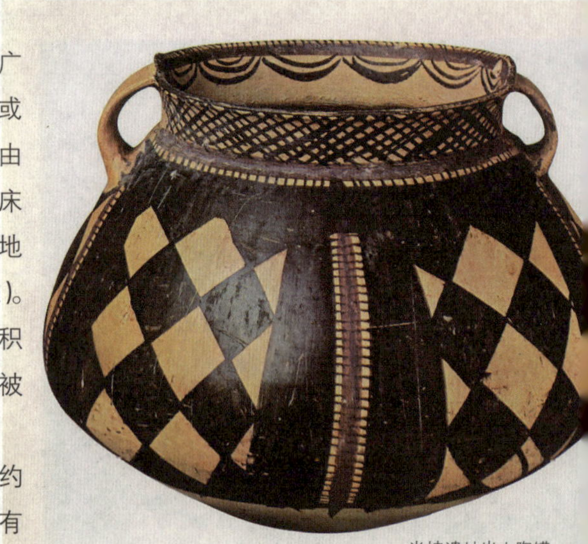

半坡遗址出土陶罐

新石器时代遗址包括住地和葬地。广大平原地区的古遗址，常位于河流转弯或两河交汇处。西北黄土高原的古遗址，由于河床冲刷下沉的关系，多在距现今河床和村庄较高的二级台地上。江淮等河网地带的古遗址，常见于地势高处的土墩（堆）。靠近海滨和河湖岸边的古遗址，因其堆积物中包含大量的贝类介壳，在考古学上被称为“贝丘”遗址。

中国目前所知新石器时代遗址总计约有1万余处，其中作过发掘的近千处。有代表性的新石器时代遗址，大体可以分为两类：

1. 新石器时代主要考古学文化的发现地。例如：河北武安的磁山遗址为磁山文化发现地，河南渑池的仰韶村遗址为仰韶文化发现地，西安半坡遗址为仰韶文化半坡类型发现地，甘肃临洮的马家窑遗址为马家窑文化及其马家窑类型发现地，青海民和的马厂塬遗址为马家窑文化马厂类型发现地，山东泰安的大汶口遗址为大汶口文化发现地，山东章丘的城子崖遗址为龙山文化发现地，山西襄汾的陶寺遗址为中原龙山文化陶寺类型发现地，湖北京山的屈家岭遗址为屈家岭文化发现地。

2. 保存较好的住地或葬地。新石器时代遗址的范围往往很大，面积几万、几十万以至几百万平方米。半坡遗址和临潼姜寨遗址，都由居住区、制陶作坊区和墓葬区组成，居住区的房屋环绕中心广场排列，周围又有人工挖掘的濠沟。甘肃秦安大地湾遗址发掘的房屋基址多达 240 座，前仰韶阶段和仰韶文化早、中期为半地穴式建筑，仰韶文化晚期则为地面建筑。浙江余姚河姆渡遗址适应江南水乡的地理条件，发现的主要是木构干栏式建筑。辽宁凌源牛河梁遗址的中心区域，有女神庙和积石群，分布范围200多万平方米。河南淮阳平粮台古城遗址及其他龙山文化晚期城址，则是中国最早的城市遗迹。

河姆渡遗址出土

• 夏商周都邑遗址

夏商和西周王朝的统治中心，都在黄河中游地区。偃师尸乡沟商城遗址和郑州商代遗址均属商代前期，都发现长、宽各1000多米的城垣以及成组的宫殿基址和其他重要遗迹。商代后期的安阳殷墟，包括宫殿宗庙区、王陵区、手工业作坊区、平民住地及其墓葬区等，总面积约30平方公里。湖北黄陂盘龙城遗址、四川广汉三星堆遗址等商代方国遗存，文化面貌既有中原文化的强烈影响，又有明显的地方特色。西周时期的周原遗址和丰镐遗址都曾发掘大型建筑基址、较多的墓葬以及青铜器窖藏等。应属周初燕国都城所在的北京琉璃河遗址，包括规模不大的城址和贵族墓地，有的大墓出土了记载燕国早期史实的有铭铜器。

• 东周列国都城遗址

几乎都建在邻近大河的冲积平原上，保存情况一般较好：临淄齐国故城、曲阜鲁国故城、侯马晋国遗址、禹王城遗址（魏国早期）、郑韩故城遗址、赵邯郸故城、燕下都遗址、秦雍城遗址、楚纪南故城以及中山古城遗址、薛城遗址等。一般周长达 10 余千米，有夯筑城垣二重，平面呈不规则形状。宫殿集中在一定的区域，并筑有宫城。布局情况大体可以分为两种类型：1. 宫殿区被郭城包围，例如曲阜、薛城、禹王城等。

2. 多数城址宫殿区在郭城的一角或一侧，城内或周围还有各种手工业作坊遗址。

大明宫遗址

• 秦汉及以后城市遗址

秦汉及其以后时期都城最集中：秦咸阳城遗址、汉长安城遗址、汉魏洛阳故城（东汉、曹魏、西晋、北魏）、邺城遗址（曹魏、十六国、东魏、北齐）、隋大兴唐长安城遗址、隋唐洛阳城遗址、北宋东京城遗址、辽上京遗址、辽中京遗址、金上京会宁府遗址、金中都遗址、元上都遗址、元大都遗址等处。通过勘察，大部城址的城垣范围城门位置、主干大道以及宫殿区、里坊和其他重要遗址的分布情况已基本清楚。两汉时期的长安和洛阳，宫城约占全城的三分之一或二分之一，基本上属于帝王和贵族的专用城市。大约从曹魏邺城开始，都城布局发生了明显的变化。唐代的东西两京，宫城和皇城约占全城十分之一，已成为全国政治、经济和文化的中心。都城由宫城和外郭二重演变为由宫城、皇城和外郭三重组成。宫城由包括多处并分布在城区南部演变为集中于城区北部和中部，并以南门为正门，门前大街为全城的中轴线。居民区和商业区则由位于城区北部改为位于城区的南部，区划和排列也由不规整趋于规整。历代都城城内及其附近的重要遗址，作过大规模发掘的颇为不少，例如：秦咸阳的宫殿遗址、汉长安的未央宫遗址、武库遗址和王莽九庙遗址、洛阳的东汉灵台遗址、北魏永宁寺遗址、唐长安的大明宫遗址、兴庆宫遗址、青龙寺遗址和西市遗址等。

秦汉及以后时期的地方城邑遗址遍及

全国各地，特别是边远地区的城邑、长城及其沿线的烽燧，在历史研究和考古研究中占有重要地位，汉代的如崇安汉城遗址、西海郡故城遗址、楼兰故城遗址以及居延遗址、玉门关及长城烽燧遗址；唐代的如西北的北庭故城遗址、高昌故城和雅尔湖故城，西南的太和城遗址（南诏），东北的渤海上京龙泉府遗址；还有东北地区汉代以后的高句丽前期王都丸都山城、金代蒲与路故城遗址等。它们或为边陲重镇，或为方国都城，在建立中国统一的多民族国家的过程中起过重要作用，在历史上占有比较重要的地位。西藏阿里地区的古格王国遗址，现有建筑群残迹数量之多，各类遗迹、遗物保存情况之好，都是已知古遗址中甚为罕见的。

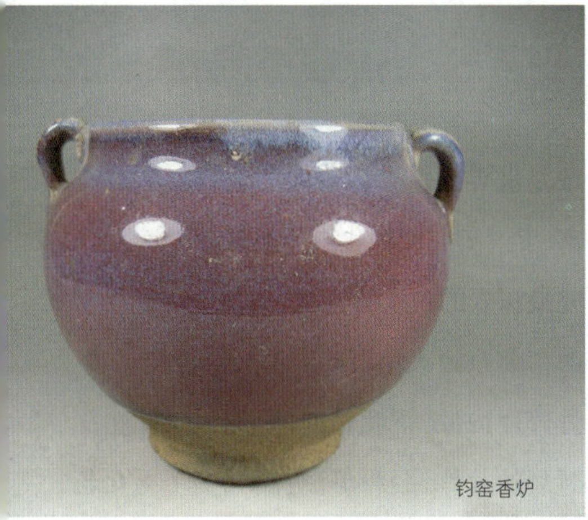

钧窑香炉

• 古代手工业遗址

　　年代较早的古代城址，几乎都曾发现制陶、制铜、制铁和铸钱等手工业遗址，但远离城市的大型手工业遗址则以烧制瓷器的窑址为多。窑址往往分布在较大的范围内，出土有大量的窑具和残次瓷器，有的还发现加工原料、制坯成型及施釉的作坊遗迹。制瓷工业出现于东汉的晚期。初期主要集中在今浙江东北部。魏晋南北朝进一步发展，南方许多省区（江苏、浙江、江西、福建、湖南、四川等地）都发现有瓷窑遗址。隋唐时期，制瓷业在北方得到迅速发展，发现多处瓷窑址，并形成了"南青北白"的特点。宋代制瓷业达到繁荣时期，已发现的瓷窑址分布在十几个省、区，数量达几百处，不但形成有特色的窑系，而且出现了一批名窑。明代以后，民营窑场激增，几乎遍及全国各地，各窑系的多数名窑则日趋衰落，只有景德镇成为著名的瓷都。作过调查发掘的代表性窑址主要有：东汉时期即已烧制青瓷的浙江慈溪上林湖越窑遗址、宋代几大名窑中的浙江龙泉大窑龙泉窑遗址、河南禹县钧台钧窑遗址、宝丰清凉寺汝窑遗址、河北曲阳涧磁村定窑遗址、杭州乌龟山南宋官窑遗址，还有以创烧影青瓷闻名的景德镇湖田窑址；重要的民间窑址有：陕西耀县黄堡镇耀州窑遗址、长沙铜官窑遗址、四川邛崃什邡堂邛窑遗址、福建德化屈斗宫德化窑遗址、建阳水吉乡建窑遗址、江西吉安永和镇吉州窑遗址、河北邯郸观台镇磁州窑遗址等民间窑址。

钧窑瓷器

最丰富完整的古人类遗址——周口店“北京人”遗址 >

周口店北京猿人遗址位于北京市房山区周口店龙骨山，距北京城约50千米。1929年中国古生物学家裴文中在此发现原始人类牙齿、骨骼和一块完整的头盖骨，并找到了“北京人”生活、狩猎及使用火的遗迹，证实50万年以前北京地区已有人类活动。考古学家开始在这里发掘，发现了距今约60万年前的一个完整的猿人头盖骨，定名为北京猿人。以后陆续在龙骨山上发现一些猿人使用的石器和用火遗址。这一发现和研究，奠定了这一遗址在全世界古人类学研究中特殊的不可替代的地位。周口店遗址是世界上迄今为止人类化石材料最丰富、最生动、植物化石门类最齐全而又研究最深入的古人类遗址。

北京猿人化石共出土头盖骨6具、头骨碎片12件、下颌骨15件、牙齿157枚及断裂的股骨、胫骨等，分属40多个男女老幼个体。发现10万件石器材料及用火的灰烬遗址和烧石、烧骨等。北京人的平均

周口店北京猿人

脑量达1088毫升（现代人脑量为1400），据推算北京人身高为156厘米（男），150厘米（女）。北京人属石器时代，加工石器的方法主要为锤击法，其次为砸击法，偶见砧击法。北京人还是最早使用火的古人类，并能捕猎大型动物。北京人的寿命较短，据统计，68.2%死于14岁前，超过50岁的不足4.5%。

在龙骨山顶部于1930年发掘出生活于2万年前后的古人类化石，并命名为“山顶洞人”。1973年又发现介于二者年代之间的“新洞人”，表明北京人的延续和发展。

通过对这些考古资料的研究，证明北京猿人距今约69万年，其创造出颇具特色的旧石器文化，对中国华北地区旧石器文化的发展产生深远的影响。北京猿人的发现，还将用火的历史提早了几十万年，他们居住过的洞穴里留下了很厚的灰烬堆。

神之门——巴比伦古城遗址 >

巴比伦是世界著名古城遗址和人类文明的发祥地之一。它位于伊拉克首都巴格达以南90千米处，幼发拉底河右岸，建于公元前2350多年，是与古代中国、印度、埃及齐名的人类文明发祥地。巴比伦意即“神之门”，由于地处交通要冲，“神之门”不断扩展，成为幼发拉底河和格里底斯河两河流域的重镇。公元前2000年至公元前1000年曾是西亚最繁华的政治、经济以及商业和文化中心，这里还曾是古巴比伦王国和新巴比伦王国的首都。

古巴比伦城垣雄伟、宫殿壮丽，充分显示了古代两河流域的建筑水平。幼发拉底河自北向南纵贯全城，城内的主要建筑埃萨吉纳大庙及所属的埃特梅兰基塔庙，高达91米，基座每边长91.4米，上有7层，每层都以不同色彩的釉砖砌成，塔顶有一座用釉砖建成、供奉玛克笃克神金像的神庙。据说，这就是《圣经》中耶和华变乱人们的语言，致使人们未能造成通天的巴别塔。城内古建筑精华之一的“女神门”，高12米、宽近20米，门墙镶嵌着形象生动的釉彩动物图案，还有被称为世界七大奇迹的“空中花园”，引人注目的人与狮子搏斗的石刻雕像。

被列为古代世界七大奇迹之一的巴比伦“空中花园”，亦称“悬苑”，它依偎在幼发拉底河畔，新巴比伦王国国王尼布甲尼撒二世（公元前604—前562年）曾以兴建宏伟的城市和宫殿建筑闻名于世，他在位时主持建造了这座名园。相

巴比伦古城遗址

传，他娶波斯国公主赛米拉米斯为妃。公主日夜思念花木繁茂的故土，郁郁寡欢。国王为取悦爱妃，即下令在都城巴比伦兴建了高达25米的花园。此园采用立体叠园手法，在高高的平台上，分层重叠，层层遍植奇花异草，并埋设了灌溉用的水源和水管，花园由镶嵌着许多彩色狮子的高墙环绕。王妃见后大悦。因从远处望去，此园如悬空中，故又称“空中花园”。

然而从公元前539年起，巴比伦城曾先后被波斯人、马其顿国王亚历山大和帕提亚人占领。自公元前4世纪末逐渐衰落，到公元2世纪则沦为一片废墟；当年

"女神门"内庆典大道两旁的120尊石狮早已荡然无存。

为了发展旅游业，1978年，伊拉克政府制定与实施了一项修建巴比伦遗址的计划，在遗址上仿建了部分城墙和建筑，在城内修建了博物馆，陈列出土的巴比伦文物，其中，犹以一块高逾2米的黑色闪绿岩石碑的复制品最为珍贵，石碑的上半部是镌刻太阳神将权标授予汉谟拉比情景的精致浮雕，下半部则为用楔形文字记载的《汉谟拉比法典》全文。这部由古巴比伦国王汉谟拉比（约公元前1792—前1750年）领导制定的世界第一部法典的石碑原件现保存在法国的卢浮宫博物馆。此外，伊拉克政府还在巴比伦遗址和巴格达市内仿古重建了宁马克神庙和空中花园，修葺一新的古城淡蓝色城墙高数丈，重现了这座古城昔日的风韵。

《汉谟拉比法典》

灿烂的古蜀国——三星堆遗址 >

夏朝始于公元前2000多年，距今有约4000年的历史；第一个王朝商朝的历史距今也只有3600年。这与中国文明古国的形象无疑是不大相称的。而三星堆，这个曾经名不见经传的小地方，将我们的历史向前延伸到了4800年，它所做的只不过是默默地躺在富饶的四川盆地，默默地承载着中华民族灵魂的滥觞……因此有言："中国有5000年的历史，不是因为传说中的炎黄二帝，也不是因为夏、商、周，而是因为我们有三星堆及良渚。"

三星堆遗址位于四川广汉南兴镇的成都平原，1980年起开始发掘。在遗址中发现城址1座，据了解，其建造年代最晚为商代早期。东城墙长1100米，南墙长180米，西墙长600米，均为人工夯筑而成。清理出房屋基址、灰坑、墓葬、祭祀坑等众多坑址。房基有圆形、方形、长方形3种，多为地面木构建筑。自1931年以后在这里曾多次发现祭祀坑，坑内大多埋放玉石器和青铜器。1986年发现的两座大型祭祀坑，出土有大量青铜器、玉石器、象牙、贝、陶器和金器等。金器中的金杖和金面罩制作精美。青铜器除罍、尊、盘、戈外，还有大小人头像、立人像、爬龙柱形器和铜鸟、铜鹿等。其中，青铜人头像形象夸张，极富地方特色；立人像连座高2.62米，大眼直鼻，方颐大耳，戴冠，穿左衽长袍，佩脚镯，是难得的研究蜀人体质与服饰的资料。

就目前掌握的文物及史料来看，古蜀国与中原商王朝并无任何藩属关系，而是两个相对独立的方国。在目前发现

的商朝甲骨文中，记载有很多商朝军队与蜀人作战的事件，但大多是有始无终；在三星堆遗址中也出土了少量作为战利品的商朝贵族使用的兵器、权杖和刻有商朝文字的器物。古蜀国的强大可见一斑。

三星堆文明上承古蜀宝墩文化，下启金沙文化、古巴国，前后历时约2000年，是我国长江流域早期文明的代表，也是迄今为止我国信史中已知的最早的文明。不能否认，三星堆文化的确是中华文明最古老的源流之一。

古蜀人对眼睛的崇拜

值得注意的是：在三星堆出土文物中，表现人“眼睛”的文物不仅数量众多，而且这些文物本身又十分珍贵和奇特。如下图的大面具，眼球极度夸张，瞳孔部分呈圆柱状向前凸出，长达 16.5 厘米。凸目铜面具，双目凸出的圆柱长 9 厘米。此外，还有数十对“眼形铜饰件”，包括菱形、勾云形、圆泡形等十多种形式，周边均有榫孔，可以组装或单独悬挂、举奉，表现了古蜀人对眼睛特有的重视。

古蜀人为什么如此重视刻画眼睛？铜面具眼睛瞳孔部分为什么要作圆柱状呢？原来，这与古蜀人崇拜祖先有关。《华阳国志》记载：“蜀侯蚕丛，其目纵，始称王”，其墓葬称为“纵目人冢”。据学者研究，所谓“纵目”，即是指这种铜面具眼睛上凸起的圆柱，三星堆出土的凸目铜面具等，正是古代蜀王蚕丛的神像。

据史书记载，蜀王蚕丛原来居住于四川西北岷山上游的汶山郡。而这一地方“有碱石，煎之得盐。土地刚卤，不宜五谷。”直到近代，此地仍是严重缺碘、甲亢病流行的地区。我们知道，甲亢病患者的一个重要特征，就是眼睛凸出。因此，蜀王蚕丛很可能是一个严重的甲亢病患者，生前眼睛格外凸出。而他的后人在塑造蚕丛神像时，抓住了这一特点并进一步“神化”，这就是蜀王蚕丛神像被刻画成“纵目”的原因。

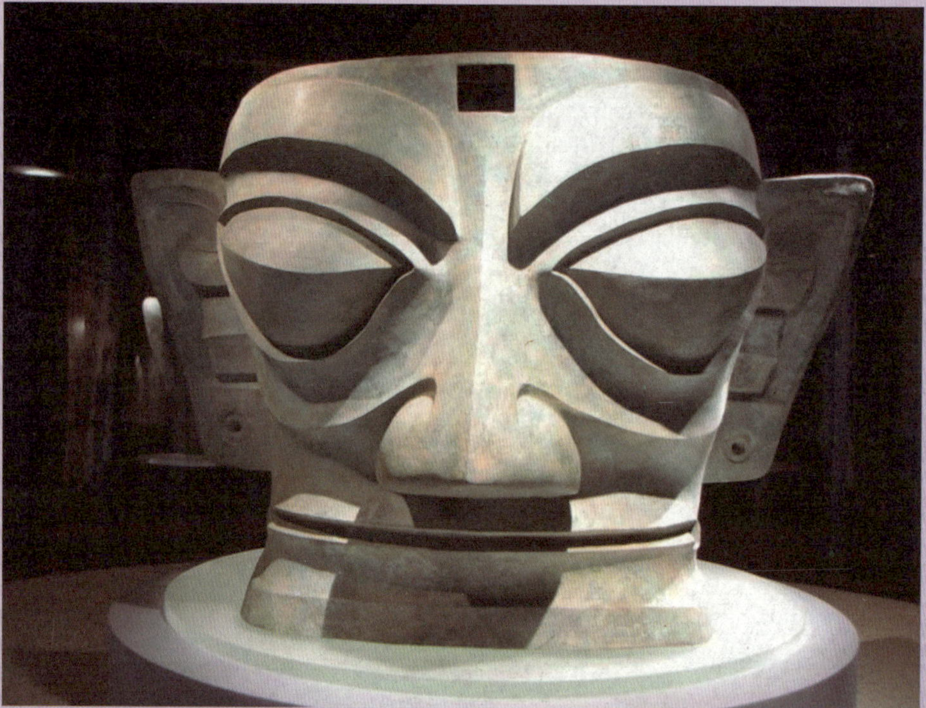

- 遗址之最

三星堆打破了许多曾入选世界纪录协会的纪录。创造了许多新的世界纪录：

世界上最早、树株最高的青铜神树。高 384 厘米，3 簇树枝，每簇 3 枝、共 9 枝，上有 27 果 9 鸟，树侧有一龙缘树逶迤而下，据推断可能为古神话传说中的扶桑树。

世界上最早的金杖，长 142 厘米，直径 2.3 厘米，重 700 多克，上有刻画的人头、鱼鸟纹饰。

世界上最大、最完整的青铜大立人像。通高 262 厘米，重逾 180 千克，被称为铜像之王。

世界上最大的青铜纵目人像，高 64.5 厘米，两耳间相距 138.5 厘米。

世界上一次性出土最多的青铜人头像、面具达 50 多件。

• 文物精品

三星堆出土的大量珍贵文物，将辉煌的古蜀文明真实而又匪夷所思地展现在我们面前。其中最神奇、最令人惊叹的便是众多青铜造像了。这些青铜像铸造精美、形态各异，既有夸张的造型，又有优美细腻的写真，组成了一个千姿百态的神秘群体。

• 戴冠纵目人青铜面具

在众多的青铜人面像里，有 3 件著名的“千里眼、顺风耳”造型的著名青铜像，它们不仅体型庞大，而且眼球明显突出眼眶，双耳更是极尽夸张，长大似兽耳，大嘴亦阔至耳根，使人体会到一种难以形容的惊讶和奇异。而它们唇吻三重唇吻的嘴角上，呈现微笑状，又给人以神秘和亲切之感。其中最大的一件通高 65 厘米，宽 138 厘米，圆柱形眼珠突出眼眶达 16.5 厘米。另一件鼻梁上方镶嵌有高达 66 厘米的装饰物，既像通天的卷云纹，又像长有羽饰翘尾卷角势欲腾飞的夔龙状，显得无比怪诞诡异，它为这类糅合了人兽特点的硕大纵目青铜人面像增添了煊赫的气势和无法破解的含义。

北大考古文博院副院长孙华先生根据三星堆不同类铜像间眼睛的差别来区分其身份，将它们分为三种类型。瞳孔如柱形凸出于眼球之外的这一类是神而不是人；眼睛中间有一道横向棱线，没有表现瞳孔的，应该不是普通的人；眼睛中或有眼珠或用黑墨绘出眼珠的才是普通而真实的人的形象。

三星堆的铜人像很多都没有瞳孔，这引起了许多学者的注意，但是对于这些人像为什么不表现瞳孔，学者们也有着不同的解释。根据民族志的材料，许多民族的神职人员在通神做法的时候，往往要服用某些令人致幻的药物，凭借这些药物的力量达到通神的效果，他们是一群很特殊的人，掌握着较高的文化，但是眼睛是失明的。难道在三星堆王国的神圣阶层中，果真有一群瞎子吗？这仍是个未解之谜。

• 青铜立人像

立人像面部特征为高鼻、粗眉、大眼，眼睛呈斜竖状、宽阔的嘴、大耳朵，耳垂上有一个穿孔，脑袋后端有发际线。

立人像身躯瘦高，手臂和手粗大、夸张，两只手呈抱握状。

世界上最大的青铜立人像，身高 1 米 7 左右，连座通高 2.62 米，重 180 千克，被尊称为“世界铜像之王”。它的铸造历史距今已有 3000 多年。如此庞大的青铜巨人，迄今为止，在国内出土的商周文物中，尚属首例，因此被誉为“东方巨人”。

大立人青铜像头顶花冠的正中，有一个代表太阳的圆形标志。从它所在的位置看，这个大立人像好像在行使自己的职能，也许他本身就是太阳神的化身。也许他本身就是太阳神的化身。这是太阳崇拜的直接表现。

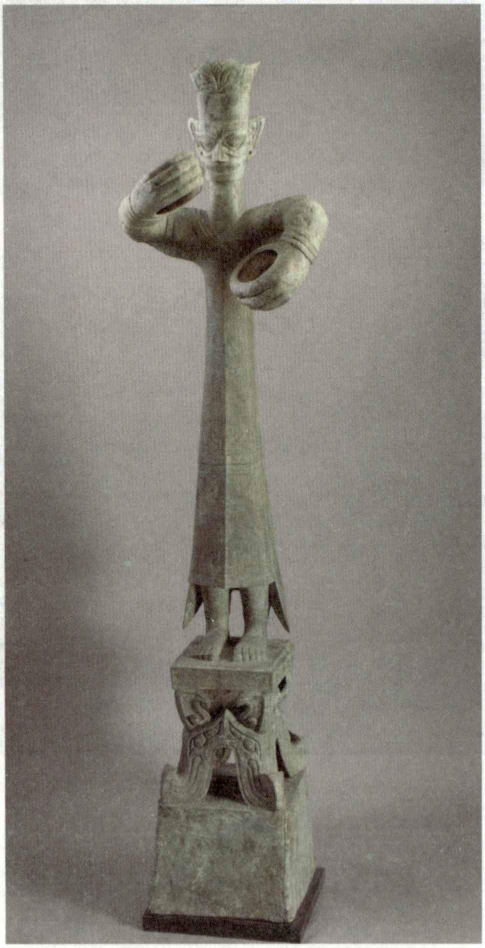

那么，这尊青铜立人像代表的可能是谁呢? 当年的发掘者陈显丹先生认为他是一个政教合一的宗教领袖。四川省社会科学院历史研究所所长段渝先生从立人像的体量推测它是蜀王的象征。赵殿增先生同样从制造者选取材质的角度考虑，认为立人像在众铜人像中指挥着全局。

这种全身青铜雕像在中国地区是罕见的，它的出现显得十分突然，于是，有的学者在近东地区寻找着这一特征的渊源。美索不达米亚在公元前30世纪初便开始使用青铜制造雕像。古代的爱琴文明也有大量的青铜雕像。今天的人面对这尊雕像时，疑问的目光往往会落在那双夸张的大手上。这双大得出奇的环握状的手与身体的比例极不协调。那么这双巨大的手里面原本是空空的吗? 如果不是,他可能把握着什么呢? 这两只手握成的圆形并不是同心的，也

青铜大立人不是一件写实风格的雕像，从人物的骨骼上分析，他的躯体不符合正常人的比例。在世界的任何地方都找不到长有这般躯体的人。也就是说，这件雕像表现的不是一般意义的人。在孙华看来，那么粗那么大的手，那么细的身体，那么长的脖子都无法和现有的人种联系起来。只能把它解释为一种艺术造型，一种抽象、一种程式化的东西。这是古蜀人喜欢的一种艺术形式。

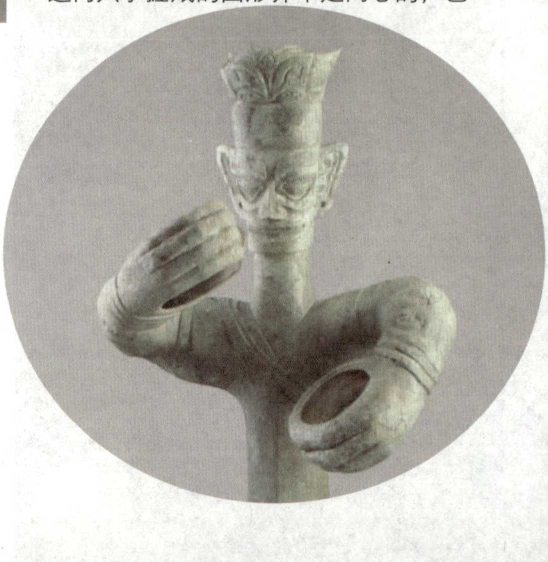

就是说，这尊大立人把握的器物应该是两件或者是一件弯曲的东西。那会是什么东西呢?

• 青铜太阳轮

青铜太阳轮形器恐怕是三星堆出土器物中最具神秘性的器物，大多数人认为它是“表现太阳崇拜观念的一种装饰器物”，也有人认为它是与古骆越文化之花山壁画中的太阳轮图形极其相似。然而众所周知，自然界和人类都喜欢“对称”，因为对称不但美观、稳定，而且简洁。制造四道、六道、八道或十二道芒的饰物不是更美观简洁吗? 为什么三星堆人要舍简求繁? 要知道，在测量技术还很落后的时代，要将圆周等分成五等份该是多么困难的事。或许又与骆越文化中大自然的三界观演变为五行观，即人们常说的“三界五行”“超出三界外，不在五行中”等成语的文化根源有关。

考古专家、四川大学教授林向先生认为，轮形铜器应该是一种盾的装饰物。它是一种舞蹈仪式进行时的一种法器。它上面的花纹可以表示它是代表太阳，但是不排斥它本身是一种干或者盾的这种判断。

• 未解之谜

• 文明起源何方

三星堆的发现将古蜀国的历史推前到4800年前。

三星堆文化来自何方？这里数量庞大的青铜人像、动物不归属于中原青铜器的任何一类。青铜器上没有留下一个文字，简直让人不可思议。

• 三星堆纵目人

出土的“三星堆人”高鼻深目、颧面突出、阔嘴大耳，耳朵上还有穿孔，不像中国人倒像是“老外”。公元前3000年前后的四川盆地尚是一片荒蛮之地，其时当地居住着两个大的族群：东南部的苗蛮族和西北部的羌人。根据古羌人的传说，他们的祖先来自西北部的高原，他们到达现在的成都平原之后，曾与当地原始部落民族有过一段互相征讨的历史。后来，一个叫蚕丛的羌人首领称王，由于蚕丛有纵目，后来的羌人就铸了大量青铜纵目面具纪念他（《华阳国志·蜀志》：“蜀侯蚕丛，其目纵，始称王。死，作石棺石椁，国人从之，故俗以石棺椁为纵目人冢也。”）。这似乎是古蜀人来历的一个较佳解释，但传说毕竟是传说。又有说法认为，古蜀国与杜宇有关。

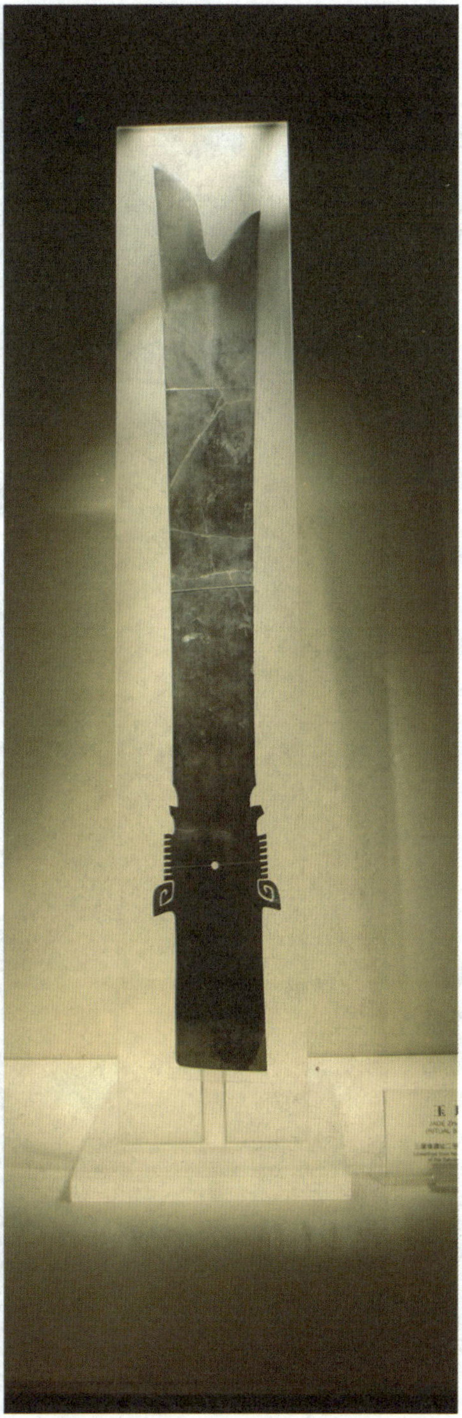

• 消失的古都

古蜀国的繁荣持续了1500多年，然后又像它的出现一样突然地消失了。历史再一次衔接上时，中间已多了2000多年的神秘空白。关于古蜀国的灭亡，人们假想了种种原因，但都因证据不足始终停留在假设上

水患说。三星堆遗址北临鸭子河，马牧河从城中穿过，因此有学者认为是洪水肆虐的结果。但考古学家并未在遗址中发现洪水留下的沉积层。

战争说。遗址中发现的器具大多被事先破坏或烧焦，似乎也应证了这一解释。但后来人们发现，这些器具的年代相差数百年。

迁徙说。这种说法无需太多考证，但它实际上仍没有回答根本问题：人们为什么要迁徙?

成都平原物产丰富，土壤肥沃，气候温和，用灾难说解释似乎难以自圆其说。那么，古蜀国消失在历史长河的真正原因究竟是什么呢?

最近在越南北部的考古发掘，认为蒯洞遗址、义立遗址等几处古代交趾的冯原文化遗迹与三星堆文化应该有传承关系。公元前317年，秦军入蜀，破蜀都，俘蜀王。蜀王子等数万人携家南逃，不知去向。

此是否有历史因缘?

方之—

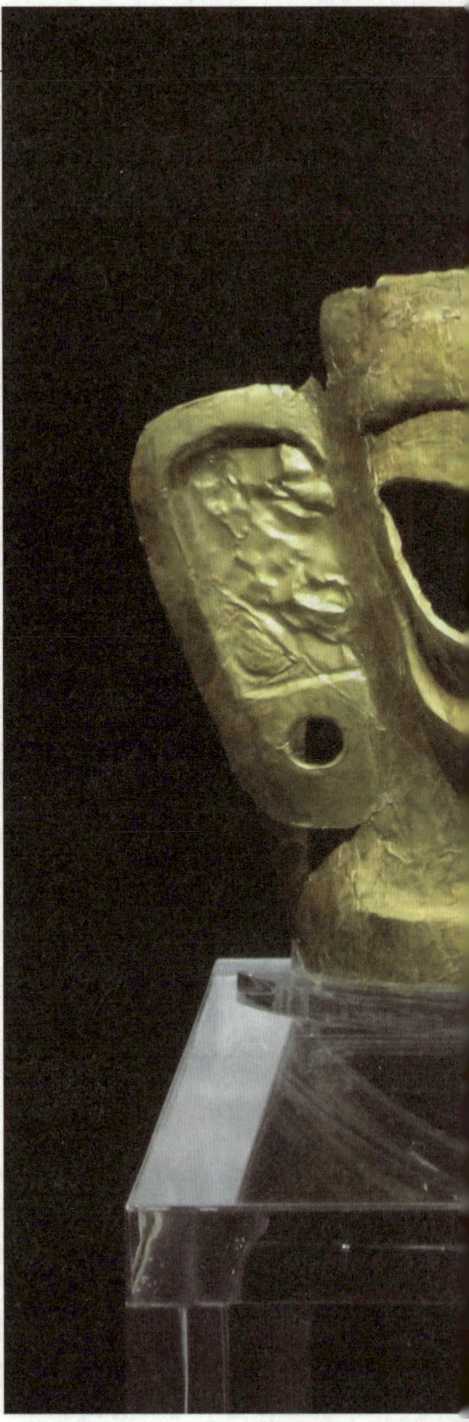

• 神秘的器具

三星堆出土的大量青铜器中，基本上没有生活用品，绝大多数是祭祀用品。表明古蜀国的原始宗教体系已比较完整。这些祭祀用品带有不同地域的文化特点，特别是青铜雕像、金杖等，与世界上著名的玛雅文化、古埃及文化非常接近。三星堆博物馆副馆长张继忠认为，大量带有不同地域特征的祭祀用品表明，三星堆曾是世界朝圣中心。

在坑中出土了 5000 多枚海贝，经鉴定来自印度洋。有人说这些海贝用作交易，是四川最早的外汇，而有的人则说这是朝圣者带来的祭祀品。还有 60 多根象牙则引起了学者们“土著象牙”与“外来象牙”的争议。“不与秦塞通人烟”的古蜀国，居然已经有了“海外投资”，不可思议。

• 文字或图画

在祭祀坑中发现了一件价值连城的瑰宝——世界最早的金杖。其权杖之说早已被学术界认同，但所刻的鱼、箭头等图案却引起了一场风波。

一个民族必备的文明要素，三星堆都已具备，只缺文字。学者们对此的争论已有些历史，《蜀王本纪》认为古蜀人“不晓文字，未有礼乐”，《华阳国志》则说蜀人“多斑彩文章”。

至于金杖上的图案是图是文，仁智各见。有的已在试图破译，另一些专家则认为刻画的符号基本上单个存在，不能表达语言。不过如果能解读这些图案，必将极大促进三星堆之谜的破解。三星堆在文字方面尚存问号，也是它吸引人的地

沙漠中的"新娘"——帕尔米拉古城遗址

帕尔米拉古城遗址是叙利亚境内"丝绸之路"上的著名古城。称为叙利亚沙漠的新娘。挺拔的神庙、气派的凯旋门、两侧高耸的石柱、精工细作的雕刻、美轮美奂的壁画，加上金色阳光的渲染，仿佛在提醒着人们它昔日的辉煌。

废墟的帕尔米拉也依然壮观，交融了东西方艺术智慧的宫殿富丽堂皇，让后来的参观者有了对古人的钦佩与崇拜。宫殿、神庙、剧场、集市、陵墓等在这里成了一个有序的整体。帕尔米拉废墟屹立在大地上、矗立在天际中，天地人神在这里均已融会贯通。这里是人类文明的精神家园，也是让人荡涤心灵的好地方。古帕尔米拉人早已消失在历史的尘嚣中，只有沙漠上的遗迹静静地立在地上，或躺在地下似乎还在回忆着当年的喧嚣与伟大。

• 开发过程

帕尔米拉曾经是公元前1世纪建立于叙利亚沙漠中部绿洲的国家，曾有过较高的文明，以世界贸易中心的地位独霸西亚。公元1世纪末，这里就已成为连接波斯王朝与罗马的交通发达的贸易中心，并一直维持着地中海东岸重要商业城市的地位，达到持续繁荣300年之久的高度文明。当时那鼎盛繁华的文明如今就积淀、浓缩地集中反映在了绵延1100多米的帕尔米拉大街上。1957年，在叙利亚沙漠地带的石油管道工程中，施工人员偶然发现了一处地下墓穴，历史便在人们毫无准备的情况下，突然敞开了它深邃的大门。簇拥的石块，耸立的圆柱，碉堡般的坟墓在阳光的照耀下泛着金光。它仿佛在提醒人们，这里曾经是多么的辉煌，这里的文明曾经是多么的伟大。这座集叙利亚、阿拉伯、希腊、罗马风格为一体的古城，1979年被列入世界遗产名录。

- 古城建筑

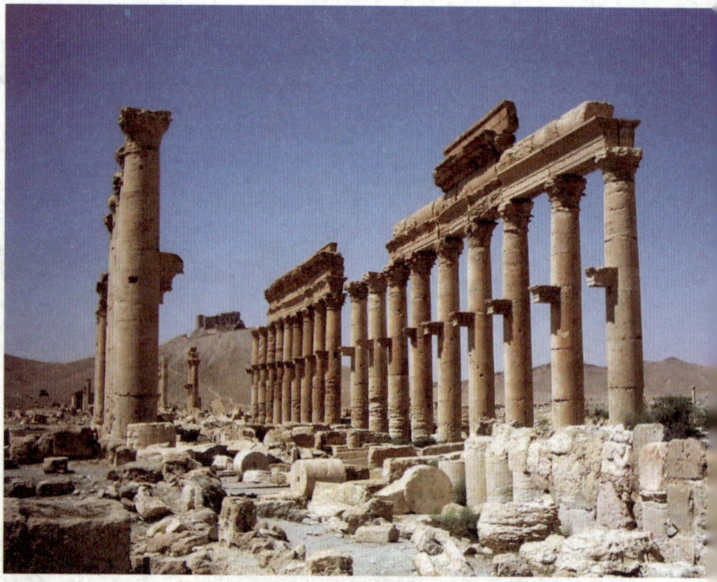

1957年，在叙利亚沙漠地带的石油管道工程中，施工人员偶然发现了一处地下墓穴，历史便在人们毫无准备的情况下，敞开了它璀璨的大门。这座宏伟的遗迹讲述着女王扎努比亚统治时期的光辉历史，女王扎努比亚被认为是最高贵、最美丽的东方美女，她以一种让东西方世界都为之震惊的方式统治、管理着帕尔米拉。

扎努比亚的远大抱负是推翻罗马帝国的统治，而且她一度实现了这个梦想。帕尔米拉的历史因为扎努比亚而增添了更多的光彩。在帕尔米拉6平方千米的遗迹之上，散布着连绵的立柱、塔楼、壁垒、墓穴、神殿等，最令人难忘的是矗立在西方地平线上雄伟的贝尔神庙。

扎努比亚

公元260年，波斯王出兵打败罗马军队。帕尔米拉的统治者乌辛纳趁机从罗马的统治下独立出来，自封为王，并斥巨资和人力在帕尔米拉修建了富丽堂皇的宫殿。好景不长，不久乌辛纳遭人暗杀。美丽的扎努比亚王后继承丈夫遗志，她强忍丧夫悲痛，发愤图强，成为帕尔米拉的女王。扎努比亚聪明能干，是一位巾帼女杰。她在罗马帝国内外交困之际，趁机扩大自己的势力范围，控制了整个叙利亚，并把势力扩张到小亚细亚和尼罗河流域。其气势咄咄逼人，俨然是中东霸主。

可是仅仅过了十几年，帕尔米拉的王国就遭到了罗马的镇压，富丽堂皇的城市随即化为沙漠上的一片废墟。公元272年，罗马皇帝乌尔扬亲自率军讨伐扎努比亚。帕尔米拉城被罗马人攻陷，扎努比亚被俘，最终屈辱地死在监狱里。罗马人洗劫了帕尔米拉之后，一把火烧掉了这座宏伟壮观的城市。一座美丽的城市就此化为灰烬，只有那些屹立不倒的残骸还在向人们证明：我很坚强。

在此处众多的古迹中，贝尔神庙是最为雄伟的罗马式建筑，仅西廊两侧原先就建有 390 根巨大的米黄色石柱，如今只剩下 7 根。从远古时代的自然神崇拜，到古罗马帝国的基督教教堂，贝尔神庙因不同时期的文明而发生着变化，不同时期、不同文明的遗迹都被保存下来了。帕尔米拉古城遗址是叙利亚境内“丝绸之路”上的著名古城，又名塔德莫尔，位于叙利亚中部，地中海东岸和幼发拉底河之间的沙漠边缘的一个绿洲上。早在史前时期，即有人类在此穴居，至今尚留有痕迹。公元前 1 世纪这里是联系波斯湾和东西方各国的贸易中心，繁荣持续了 300 年之久。2 世纪 60 年代归罗马帝国统治。3 世纪为一广大王国的首邑，272 年遭战争破坏而衰落。现残存柱廊、凯旋门、王宫、雕像和贝尔神庙等古代建筑遗迹。古城南部耸立着雄伟的贝尔神庙，神庙建于公元 32 年，神庙的 3 座殿堂呈 U 形分布，围成一座广场。神庙正面有扶墙柱，长方形窗户上方有三

角形装饰，15 米高的圆柱环绕在神殿四周。在城中曲道回廊处，有一个古罗马角斗场，边上有宫殿残墙，当年的高甍画栋已不复存在。一条青石道路，通向古殿深处，这就是著名的帕尔米拉大街。它建于公元 2 世纪哈德良皇帝统治时期，全长 1600 米，皆为石方铺面。与石道并行的是横贯城空的天廊水道。这种天廊水道，建筑奇丽，气势宏大。一根根间隔 10 米的浮雕石柱，横托起沉重的青石水槽，槽下柱顶处嵌着华灯油座，石槽横悬在 10 米高空，相连成一条巨龙，偃卧在蓝天白云里。长长的廊柱，高大的门和门廊式街道为帕尔米拉城增色不少。

庞大的地下墓室当时可容纳 200 多人，必须走过分成几段的阶梯方可进入。这座地下墓室已在大马士革博物馆内重建。古代墓室内摆设的死者半身塑像目前陈列在世界几个博物馆内。在离古城不远的塔德莫尔博物馆里，陈列着帕尔米拉文物：有古罗马和希腊神像、凿花拱门顶石和历代碑碣；有木乃伊棺柩和金银首饰等。这里还有古帕尔米拉人生活复原模型，其中有游牧民和帐篷，有土著人纺织驼毛的情景和茅屋用具等。

• 地理布局

帕尔米拉是个古老的国家，“帕尔米拉”源于希腊语，在叙利亚阿拉伯语中另有个名字叫“泰德穆尔”，都是“椰枣林”的意思。西方人习惯称为“帕尔米拉”；黎巴嫩近代阿拉伯诗人纪伯伦的《泪与笑》中还是写作“泰德穆尔”。我们国家出版的有关叙利亚地图，往往既标“泰德穆尔”，又加上“帕尔米拉古城遗址”，算是兼收并蓄。帕尔米拉曾经是从波斯湾到地中海途中的一座重要城市，早在史前时期就有人类在此穴居。公元前19世纪，帕尔米拉城的记载就已出现在卡帕多西亚泥板的楔形文字上。同叙利亚的大马士革、阿勒颇一样，帕尔米拉也是世界上最古老的城市之一。

• 意义与影响

位于大马士革东北部约 215 千米，幼发拉底河西南部约 120 千米的地方有一片绿洲，而这片绿洲就是叙利亚古代最重要的文化中心之一，古丝绸之路上一个重要的驿站——帕尔米拉，阿拉伯语称其为台德木尔，人们也经常形容她是“沙漠中的新娘”。

帕尔米拉地处几种文化的交汇处，其文化呈现出多元化的特点，艺术和建筑既有古希腊、古罗马恢宏大气的风格，又有本地传统和波斯文化的神秘与华丽。荒凉的沙漠中，四散着美丽的文明残骸。高高的凯旋门是城市主要街道的起点，矗立在道路两旁的 750 根石柱骄傲地高昂着头，向今天的人们展示着昔日的风光。原来这些石柱上还托着青石水槽，是帕尔米拉的天廊水道。

帕尔米拉废墟是伟大的，它显现了一个宫殿的富丽堂皇，它交融了东西方的艺术智慧，凝聚了古人对神灵的信仰和崇拜。宫殿、神庙、陵墓在这里成为一个有机整体。废墟是一个让人涤荡心灵的好地方，它屹立在大地上，矗立在天际中，天地人神四灵在这里融会贯通。这里，是人类精神的家园。古代帕尔米拉人已经消失在历史的烟尘中，只有沙漠上的遗迹静静地立在地上，躺在地下，似乎还在温习着当年的光荣与梦想。

帕尔米拉以它伟大的废墟吸引着世界各地的游人。如果没有它的存在，帕尔米拉城注定会消散在人们的视线中。人们跨过漫漫黄沙，就是为了凭吊这个城市沧桑岁月中遗留的古迹。那不仅仅是石头，也不仅仅是是圆柱，而是人类古老文明的家园。

史前“卢浮宫”——韦泽尔峡谷洞穴

韦泽尔峡谷洞穴群位于法国西南部，有旧石器时代遗址147个，还有25个有壁画的岩洞，其中的拉斯科洞穴中的壁画大约有100个动物形象，距今约2万年，是人类最早的艺术品。对于研究人类史前艺术有着非常重要的意义。韦泽尔岩洞群被公认为迄今发现的最重要的史前人类文化遗址之一，洞内的岩画是现存的最精彩的旧石器时代的艺术作品。1979年，联合国教科文组织将其作为人类文化遗产，列入世界遗产名录。

韦泽尔峡谷洞穴群经纬度是北纬45°、东经1°。洞穴的历史可以追溯到史前1万年前，这些历史悠久、有人类居住的洞穴群无疑是研究古代文化艺术、人造用具、古化石的最佳场所。同时韦泽尔峡谷洞穴群也是发现可鲁马努人（旧时代时期在欧洲的高加索人种）的地点。

• 韦泽尔峡谷的形成

韦泽尔河发源于法国的科雷兹省，向西南进入多尔多涅省后汇入多尔多涅河。就洞穴岩画而言，上苍对这一地区似乎特别恩赐，在其下游 40 千米长、30 千米宽的峡谷地带的崖壁上，分布着数百座岩洞，它们在很久以前由地下河流冲刷而成。这些由大自然鬼使神差造化的岩洞，曾是原始人的住所，保存着众多的原始人类的遗迹。欧洲旧石器时代洞窟艺术的发现，主要集中在法国西南部和西班牙北部的法兰 — 坎塔布利亚地区。这些洞窟里的崖壁画以其宏大的规模、雄伟的气魄，成为旧石器时代马格德林文化期最有代表性的作品。

• 韦泽尔峡谷的发现

考古发现，在韦泽尔峡谷 100 多座岩洞中，有古代石器、动物化石、岩面浮雕和图画，以及大量人类生活的遗迹遗物，如燧石的工具、篝火的余烬等。根据岩洞中的有机物测定，这些遗迹遗物的时代在距今 1—2.5 万年之间，属旧石器时代最晚的马格德林文化时期，地质年代是晚更新世之末。当现代人发现这些岩洞时，洞穴内有些地方随着岩石的侵蚀已逐渐形成地层，犹如一本层层叠叠的无字天书，任由今天的考古学家去阅读。在韦泽尔峡谷 100 多座岩洞中，有 25 个岩洞的岩面上有浮雕、刻画图画或彩色绘画，其中最为精美的，当属于拉斯科、封德高姆、卡普布朗和孔巴海尔这 4 个地点的岩洞。

• 著名岩洞拉斯科洞窟

拉斯科洞窟位于法国西南部佩里戈尔地区的蒙蒂尼亚克城，带有美丽壁画。在该城区周围有很多的史前遗址。因为这些遗迹均位于石灰岩悬崖上，所以早在很久以前这些古代的供人类居住的石洞及带有绘画的洞窟便被遗弃了。

拉斯科洞窟位于法国多尔多涅省蒙提格纳附近，是韦泽尔河谷中的一座洞窟。拉斯科洞窟崖壁画是保存最好的、绘画最生动的。1940 年由法国当地 4 个少年偶然发现。当时洞口只有 80 多厘米宽，半掩在枯枝败叶之中。令所有人震惊的是，这里竟然有 600 幅绘画和接近 1500 件石刻作品，它们不但保存状况良好，而且有些壁画非常清晰。虽然已发现了洞内的壁画，但想要发掘拉斯科洞窟绝非易事。数千年以来，从岩洞中逐渐脱落的岩石堆，已将洞口堵塞。形成于冰川时代的拉斯科洞窟，其洞穴内的石灰岩已成了方解石，使岩石的表面覆有一层难融性的黏土层，它们对洞穴内的岩画起到了保护的作用。但对发掘洞穴的人来说，把原来仅有 80 多厘米宽的洞口拓宽到几米，其难度可想而知。

经过多年的发掘，现在人们已知拉斯科洞窟包括前洞、后洞、边洞三个部分。前洞像一个“大厅”，约 30 米长，10 米宽，前洞还附有 18 米长向后延伸的走廊与后洞相连。它的西边旁侧另有一条狭长的走廊，与边洞连接，边洞的底部保存着一口

7米深的井。

前洞壁画主要是几头大公牛的形象，它们是覆盖在其他形象之上的，在它的下面叠压着红色的牛、熊、鹿等。这样相互叠压的现象在拉斯科洞窟大量存在着，仅就前洞和与它相连的通道的岩画中即可辨认出叠压达14层之多。但是要根据这种覆盖的层次来进行断代是有困难的。

拉斯科前洞壁画中有一幅长5米的野牛，堪称是史前艺术辉煌的杰作。这头野牛线条简练，整体塑造得强健有力，特别是那生动逼真的头部，虽然只用单色涂绘，却能完美地表现出体积感来。这么逼真的动感效果，令现代人叹为观止。难怪有的学者把它称为“跳跃的牛”。这头“跳跃的牛”是拉斯科洞窟最为精彩和最富力度的形象之一。

从洞口往里望去，窟顶就像一条长长的画廊。走过方形大洞，里面为圆形大洞，之后，洞窟隧道般的狭长，向两边分叉开去。崖壁画上的动物形象有的大，有的很小，密密麻麻，重重叠叠，数量之多，令人目不暇接。在3个洞内大体能区分出50多幅画面，100多只动物。画面大多是粗线条的轮廓画剪影，在黑线轮廓内用红、黑、褐色渲染出动物身体的体积和重量。

画面令人流连忘返：一幅是一头受伤的牛低头将一个男猎人顶倒在地；另一幅是几只驯鹿列队顺序行进；在后洞口内左侧不远处画有6匹类似中国画样式的马，有两把长矛正刺向其中的一匹。这些动物是当时人们狩猎时搏斗的敌手，也是人们赖以生存的食物来源。当时的绘画者对所画的动物十分熟悉，观察细致入微，下笔轮廓准确、神态逼真，再配上相应的颜色，便显出跃动的生命活力和群体奔腾的气势。

前洞、后洞与走廊上，都有岩画或绘或刻，或绘刻兼施。有些看来是单纯的线刻，也曾涂绘过，由于经历年代久远致使色彩褪了。留存于前洞墙面以及延伸出的走廊壁面上的岩画都保存得很好，不仅形象清晰，而且色泽艳丽浓重。

• 韦泽尔峡谷的价值

韦泽尔峡谷岩洞的发现，对于史前的研究具有划时代的意义。在此之前，对诸如西班牙阿尔塔米拉洞穴、法国加尔的夏博洞穴和韦泽尔的穆特洞穴的发现，一直受到科学界的怀疑。而韦泽尔峡谷洞群的发现在于，它不仅证明了石器时代洞穴岩画的真实性，而且为考古学家对欧洲史前时代的划分、对研究史前人类生活提供了宝贵的依据。有关专家据此得以重新确定史前人类生产、生活和艺术的演变情况。岩画，基本上属于人类在文字产生以前的原始时代的作品，也是人类早期主要的艺术形式。对考古学界来说，洞穴艺术虽然不是世界上最古老的艺术，但它在考古界有着特殊的地位。有人把史前岩画称为古代人类生活最首要、最直接的记录。考古学家认为，这些来自远古时代并保存完好的岩画，为人类描绘了古代人类在史前时代的“经历”，使人类在几万年之后，又通过岩画，看到了史前时代的先民眼里所看到的东西。

作为全人类的共同财富，韦泽尔河谷的岩洞雕刻和绘画是迄今所知人类最早的真正艺术品之一，也被公认为迄今为止发现的最重要的史前人类文化遗址之一。它显示了1万多年前人类高度的艺术创造力与审美意识。

在此之前，学者们认为人类最早的艺术品是出现在美索不达米亚和埃及。而这些洞穴岩画的发现改写了人类艺术史。

• 未解之谜

如同许多考古发现一样，拉斯科洞窟岩画的发现，带来的疑问比它要回答我们的似乎更多。首先就是拉斯科洞窟岩画的年代。有人认为，拉斯科洞穴岩画是在大约 17000 年前一次性创作出来的，也有人认为，这些岩画中的大多数是由许多不同年代的作品汇集而成。还有人认为拉斯科洞窟岩画的全部或一部分应属于奥瑞纳文化期（距今约 30000—20000 年），而另一些学者则认为应属于马格德林文化期（距今约 15000—8000 年）。

另外，也有人对这些岩画在艺术上的高度成熟表示疑惑不解。他们问道，没有一段循序渐进、从低到高的发展，“岩画艺术”怎么就能以如此成熟而完美的形式突然出现，如果有一个这样的时期，那它留下的作品又在哪儿呢？

还有一个大问题是：新石器时代的猎人们为什么要画这些岩画？有人认为这是他们乱刻涂鸦发展出来的一种消遣方式，有人却认为是某种原始宗教或巫术上的需要，还有人认为是捕猎的某种仪式或象征。各种解释都有一定道理，却又很难说服对方。

即使从来没有拿起过画笔的人，走进韦泽尔峡谷洞穴群时，也都会满怀疑惑，而这些疑问，对考古学家来说，是早晚必须要回答的。

地中海波涛中的古城——莱波蒂斯考古遗址

大莱波蒂斯考古遗址位于利比亚科姆斯地区的莱卜达河出海口，首都的黎波里市东123千米处。地中海的波涛伴随着这座古城度过了无数沧桑岁月，其历史可以追溯到公元前1000年。1960年，一支考古队在此发掘出腓尼基人的墓地，而这里的主要人文价值却在于稍后的古罗马帝国时期。

这里是北非保存最好的罗马帝国时期的城市遗址，有港湾、市场、仓库、商店、浴池、竞技场、剧场和居民区，规模宏大而且壮观。从公元前146年罗马人占领迦太基城，到公元439年易手于汪达尔人，前后共500多年。其间，大莱波蒂斯逐渐发展成为罗马帝国的一流城市，是北非一大港。曾是该市的臣民、后来为罗马皇帝的塞普蒂米厄斯·塞洛维在该城大兴土木，将其变成罗马世界中最漂亮的城市之一。它拥有宏大的建筑物、人工港口、市场、仓库、工场和居民区。得益于海洋交通的发达，大莱波蒂斯的橄榄油“文化”发达，是非洲最重要的橄榄油产品集散中心之一，同时也是最大的小麦贸易市场。

• 大莱波蒂斯考古区的结构

大莱波蒂斯考古区的建筑呈一个个长方形，具有典型的古罗马城市建筑风格。南北主要街道名卡尔多；东西干道称德古马努斯，城内的其他街巷都可与这两条大街平行而建。沿卡尔多大街向北步行可一直走到碧波万顷的地中海南岸。卡尔多的南端是著名的塞维洛拱门，也是大莱波蒂斯考古区的入口处。在这里有一座 3 米多高的石碑，上面用阿拉伯文和英文写明该考古区受联合国世界遗产委员会保护。卡尔多街是原来老城的中轴线，由于公元 1 世纪末城市的发展，现处于考古区的西南部。

大剧场、竞技场和赛马场是古罗马人最喜欢去的娱乐场所，因而这些建筑也最具有代表性。大莱波蒂斯剧场建于公元 1—2 世纪，主要由半圆形的看台和舞台组成。中间由乐池连接，形成完美的整体。大剧场临海而立，坐在看台上可以看到舞台和高大的背景墙，起身站立则可眺望美丽的地中海。大剧场是一座石灰石和大理石结合的建筑，石灰石采自大莱波蒂斯以南 5 千米的地方，大理石的来源一说是从罗马开出的船上的压仓物，一说是采自地中海沿岸。大剧场内原有许多精美的大理石雕像，可惜完整保存至今的为数不多，只在舞台的两侧各有一尊立像，另有一些被保存在的黎波里的古堡博物馆中。

• 西方的掠夺

物转星移，1649 年法国旅行家杜兰德造访了大莱波蒂斯，描述了这里的遗迹情况，引起了西方世界的极大兴趣。法国在 17 世纪、英国在 18 世纪将这里的大理石柱和浮雕运往本土。现在英国和马耳他一些著名建筑上就有大莱波蒂斯运去的材料。1912 年意大利占领利比亚后开始了大莱波蒂斯考古区的发掘工作，而大规模的发掘和保护则是在 1951 年利比亚独立后进行的。1982 年，联合国世界遗产委员会因大莱波蒂斯考古区在历史和文化方面的突出地位将其列入世界遗产名录。

创世中心——蒂亚瓦纳科文化遗址 ＞

蒂亚瓦纳科遗址是玻利维亚印第安古文化遗址，位于南美洲玻利维亚与秘鲁交界处的的的喀喀湖以南约20千米处，海拔4000米左右的高原上。原来古城就建在湖边，后来因湖水逐渐退去，所以现在发现的遗址已远离湖畔20千米。

• 建筑结构

蒂亚瓦纳科遗址是由重达几十吨甚至数百吨的巨石严密砌成。考古学家还在巨石的缝隙中发现了一些小金属钉，其作用是固定石头，据推测：这些金属钉是把金属熔化后再倒入凿出来石头模子中制成的。可能最引人注目的还是整块岩石凿成的石门，它矗立在长30英尺、宽15英尺、厚6英尺的基座上，而基座和门是用同一块岩石雕凿而成的。古城原是哥伦布发现美洲大陆以前古代印第安人的一个重要的宗教、文化中心，蒂亚瓦纳科，在古印第安语中是“创世中心”之意。

整个遗址由普玛门、太阳门、卡拉萨萨亚石柱、地下神庙、亚卡·帕纳金字塔构成，被的的喀喀湖原始湖岸线所包围，整个区域呈现出一个豁口向下的新月形地貌特征。

• 历史沿革

这里集中着大批宗教建筑、绘画雕刻以及高度发展的古印第安文化。10 世纪到 11 世纪是这座古城的鼎盛时期，到西班牙人入侵时，蒂亚瓦纳科早已被荒废了 200—300 年，但遗址中的断壁颓垣、巨型的石雕像、石碑、绵延的石墙和散落在各处的巨石，都能使人想象得出当年这块宗教圣地的繁荣景象。太阳门是蒂亚瓦纳科遗址中最著名的古迹，是用整块重约 10 吨的巨石雕成，宽 3.84 米，高 2.73 米，厚 0.5 米。夏至时太阳准确地沿门洞中轴线冉冉升起，反映了印第安人丰富的天文知识。太阳门门口上有 4 个小壁龛，下部有 2 个大壁龛，正中门楣镌刻了人身豹头浮雕，头上戴着扇状羽毛冠，双手执权杖，据说可能是雨神。门楣上占主导的是人物雕刻，24 人排成 3 行，每组 8 人，手上执棒，上下两排是带翼的勇士，中间一排是人格化的飞鸟。门楣饰带大部分由浅浮雕刻成，而中心人物的脸部、头部和两根权杖则采用高浮雕手法。雕刻手法很有特色，脸部呈方形，占据整个人体三分之一的高度，用几何线条勾画，双眼凹陷，又圆又大，鼻子高耸为不规则的四边形，嘴巴咧张，身穿毛皮背心，背心盖到腿部，腰上束有腰带，双臂张开，双手紧握权杖，四指可见。人物身上还饰有华丽的项链、鱼状护胸以及各种衣饰。

太阳门是美洲古代最著名的古迹之一，是蒂亚瓦纳科文化的杰出范例。阿卡

帕纳金字塔是遗址中最大的建筑，塔底平面呈长方形，长 180 米，宽 140 米。塔身是借助于一个小山丘，外层砌上石块而建成的，塔顶上有几个不同形式的建筑遗迹。还有一个类似地下蓄水池的建筑。金字塔不仅建筑雄伟壮观，在塔身的石板、石块中还有许多精美的人形石雕神像。大卡拉萨萨亚神庙，是蒂亚瓦纳科人举行宗教仪式的场所，位于金字塔的北部。在神庙周围有一组建筑群，建筑平面均属正方形。神庙遗址是一个长 118 米，宽 112 米的大平台，用几吨乃至几十吨巨石砌成的台基和庙墙依然存在。一面长方形的石墙将神庙和其他建筑物隔开。庙内耸立着丰富多彩的石雕、石碑，其中最大的石雕人像高 2.4 米，重约 4 吨。在蒂亚瓦纳科遗址中还有一座教堂，教堂入口处有 2 搏写实的石雕跪像，一樽高约 1.5 米，颧骨突出，嘴唇紧闭，束发带上饰有曲线图案。另一樽独石僧人像，没有曲线，上下通体尺寸一样，四肢粗略刻出，面部、双手以及手持的奉献匾上稍微有一些装饰性凿痕。它们代表了早期的印第安石雕艺术风格。

- 蒂亚瓦纳科的"太阳门"之谜

一座竖立于蒂亚瓦纳科城内的石像，由整块巨石雕制而成。

世代居住在南美大陆的印第安人自古以来就崇拜光辉灿烂的太阳。传说太阳神曾亲自降临安第斯高原，在海拔4000米的的的喀喀湖畔建造了一座雄伟的城市，这就是历史最悠久的南美古城蒂亚瓦纳科。每年春分之时，第一缕太阳光准确地穿过该城西北角的一座巨石拱门，以示对它的眷顾。因此，这座古城和"太阳门"就成了当地印第安人的圣地所在。但古城的真正建造情况没人能说得清。

世界之脐——德尔斐考古遗址

德尔斐考古遗址（阿波罗神庙）为希腊古典时期宗教遗址，位于雅典西北方帕尔纳索斯山麓，遗址系阿波罗神庙所在地，以该庙的女祭司皮提亚宣示的神谕著称。阿波罗神所说的希腊圣地德尔斐，是翁法勒遗址，是“世界中心”。与它壮丽的自然景色和充满着宗教含义相符合的是，早在公元前6世纪，它就已经成为宗教的中心和古希腊世界统一的象征。

这里是古希腊时期供奉太阳神阿波罗的圣地，在希腊人的心中，这里是全世界的中心，享有极为崇高的地位。自公元590年起，这里就成为皮托运动会的举行地，来自希腊各地的选手在这里进行传统的比赛项目，同时举行盛大的庆典活动，向阿波罗神庙敬贡礼物。

早在公元前2000年，这里已有人居住。传说此地最早的神是加伊娅，后来阿波罗杀了替加伊娅守护神坛的巨蟒皮托，遂据有此地。阿波罗神庙始建于公元前7世纪，后因火灾和地震破坏曾几度重修。390年，信奉基督教的罗马帝国皇帝狄奥多西一世下令封闭属于多神庙的阿波罗神庙。此后，这里的庙宇等建筑逐渐坍毁。

古希腊时期，德尔斐实行贵族寡头统治，高官、祭司和元老院议员多由多利安贵族担任。它对希腊许多城邦的政治活动和移民活动有所影响。从公元前582年起，这里每4年举行一次盛况仅次于奥林匹亚的皮提翁运动会，公元前4世纪中期，弗西斯当政者为夺取庙产，与底比斯等其他希腊城邦发生神圣战争 。战争为马其顿王腓力二世的南进提供了机会。不久，希腊本土，包括德尔斐被马其顿统治。公元前2世纪中叶又被并入罗马版图。

德尔斐遗址系统的考古发掘始于1892年，现已将神庙区的所有古建筑清理出来，并建有博物馆。

- 遗址发掘

1892 年法国考古学家开始在遗址上进行发掘，发现院墙内的圣地面积达 1.67 万平方米，三面为德尔斐城所围绕，东南是入口处。圣地庭院内，有许多由各城邦与私人树立的颂扬神谕圣迹的纪念碑，并有 20 多所各城邦建立的藏珍库。阿波罗神庙居圣地中心，略呈方形，四周是墙。神庙区东南部的大门，有之字形大路通往阿波罗神庙和露天剧场。这条被称为圣路的路，两旁有希腊各邦为供神而建的礼物库、祭坛、柱廊、纪念碑等。阿波罗神庙始建于公元前 7 世纪，中间屡遭摧毁，公元前 370— 前 330 年是最后一次重建。庙长 60 米，宽 25 米，东西两端各有 6 柱，

南北则分别有 15 根柱子，全是由石料精制而成。在神庙和各个礼物库中，有许多质地不同的雕像，其中以战车御者的铜像最为精美，是早期的古典雕刻杰作。现在石柱参差，墙垣犹存，尚能勾画出盛时的宏伟轮廓。残余的神庙建筑与纪念碑遗迹，都是当年希腊各地的艺术家的杰作，是研究古希腊艺术的巨大宝库。除了神庙与有关建筑物及纪念碑林外，还有一处剧院，一处运动场。在古城遗址上，原建有卡斯特里新村，后来为了便于考古发掘，新村在附近另外觅地重建，并恢复德尔斐的旧称。

作为公元前 4 世纪遗物露天剧场，现在仍能使用。今天的希腊人仍在这里演出当年创作的戏剧。同时，希腊人也常在这里举办音乐、诗歌及戏剧的竞赛。德尔斐剧场为半圆形格局，有 38 层台阶，可容纳 5000 名观众。如今的德尔斐剧场俯视着希腊最古老、最漂亮的一片橄榄林。橄榄林共有 120 万棵橄榄树，把这座古老的建筑衬托得光彩照人。

再往上往西一直攀登上去，就会看到一个巨大的竞技场。跑道上的起跑线仍可辨明，自起跑线至终点线的距离约为 177.53 米左右。场地为红泥土地面，周围用条石垒成环形看台，可以坐 7000 人。整个竞技场的平面呈长条马蹄形。该运动场是古代希腊的四大运动场之一，著名的皮提翁运动会每隔 4 年在此举行，其盛况仅次于奥林匹克运动会。

德尔斐有着所有希腊圣地中最重要的神殿。而对古希腊人来说，这是一个有着特殊意义的地方，它是一个国家的圣地，“神谕”所在之处。

- 宝库

宝库是建于圣址上大小中等的建筑，它们的分布没有规划，是由各个城邦在喜庆的节日时自行兴建的。它们作为“祈愿堂”存放有各种祭献的物品以及用来颂扬城邦的辉煌的艺术品。在希腊的各个圣地上都修建有宝库，而德尔斐是宝库最集中的地方，有二十多个。许多存放于宝库里的祭品已经丢失，但建筑本身的魅力还是很有价值的。

最早的宝库，如约公元前600年建于僭主库普塞罗制下的科林斯人宝库，都是些简单的房间。然而，自从前530年起，带有两个爱奥尼或陶立克支柱的门厅变得风行起来。

- **著名的宝库有：**

锡弗诺斯岛宝库(约前525年)，由锡弗诺斯岛的居民修建。这是一个确确实实的珍宝盒建筑，爱奥尼风格的装潢和雕塑被发挥到了极致：檐壁是连续的，在每个立面都雕有一个主题，其中最栩栩如生的一幅展现了奥林匹斯诸神坐着在商量决定特洛伊的命运，而他们面前希腊人正奋力拼杀着。

德尔斐的雅典人宝库崛起于约公元前485年，是精心选址之作，它位于神路与圣殿前的最后一个拐弯处，因此不论是从圣地入口还是从神庙都能够看到它。它占地6.5米×9.5米，是为了纪念马拉松战役的胜利而修建。它的装饰由陶立克柱式上的排档间饰所组成，表现了希腊神话中的不同故事场景：正面描绘了希腊人同阿玛宗战斗的场景；左面绘有象征雅典的忒修斯的英雄事迹，他是传说中雅典的第一个国王，

城市的奠造者；在右墙上是象征伯罗奔尼撒的赫拉克勒斯同野蛮人战斗的英雄事迹；最后，在后墙上刻画的是赫拉克勒斯牵回巨人格律翁的牛群的故事。这就是该建筑的政治动机，表现了雅典人在阿波罗的保护下，使希腊免遭野蛮人的侵害，这个动机之彰显已经接近希腊道德中所谓“僭妄”（hybris）的极限，即试图超越凡人的地位挑战天神。

- 祈愿柱

自公元前 4 世纪起，可能是出于对节约空间的考虑，另一种祭献形式开始流行，即祈愿性的圆柱和立柱。圆柱（或单或双）和立柱是用来将祭献品高高托起，以显示其价值之用，通常是一些表现统治者的青铜雕塑。

纳克索斯岛的圆柱建于约公元前 575 年，是最早的此类纪念碑之一。它非常高大，顶端甚至接近阿波罗神庙的地面高度，而它本身位于该建筑的脚下，原始克托尼俄斯信仰的地域。为了能够让所有的角落都能够看到，它有一个很长的柱身，和一个壮观的爱奥尼柱头，上面还立了一只高达两米的狮身人面像（“纳克索斯的斯芬克斯”）。这只猛兽可能看守着狄俄尼索斯的墓，后者是纳克索斯人的守护神。柱子上有一个小小的镌刻表明纳克索斯人可能因为这个祭品而获得了咨询神谕的优先权。舞蹈者的圆柱是年代为公元前 370 年的作品，它装饰有爵床叶饰，承托了一个新颖的顶饰：三个年轻女子支撑着一个三脚架，里面放置了翁法洛斯，德尔斐的象征。

罗得岛的立柱又称“利西波斯的太阳战车”，于公元前 325 年至公元前 300 年间进贡，这个立柱支撑着一个镀金的驷马战车，上面坐着太阳神赫利俄斯。这个结构正对着阿波罗神庙。

- 雕塑群

在圣地的低处，入口的左侧，曾经摆放着一个非常宏伟的纪念雕塑，后来这个雕塑被竞争中的城市陆续用不同的主题取代。现在我们还能看到两个象征着这个竞争开始的纪念物：米太亚得的雕像以及吕山德的雕像，或名“海军督统雕像”。米太亚得像由雅典人捐赠，纪念了希腊人战胜波斯人的马拉松战役。它由 13 个雕塑组成，雕塑者为菲迪亚斯（帕台农神庙的设计者和建造者）。这些雕塑将雅典娜、阿波罗以及米太亚得表现在同一场景中，还出现了 10 个胜利的英雄角色以及 3 个雅典的执政官。吕山德像就在米太亚得像的隔壁，它有一个基座，上面摆放着一整套青铜雕塑，在后面有 28 个雕塑表现了所有参加埃果斯河战役的人员，在这场海战中，吕山德率领斯巴达海军以少敌多击败了雅典的海上力量。前面有 10 个雕塑，表现了“宙斯之子”的场景，出现的人物有卡斯托尔和波吕克斯、宙斯、阿波罗、阿耳忒弥斯以及波塞冬，出场的还有带着花环的吕山德，一个传令官以及旗舰的掌舵者。雕像的排列有非常显著的政治考量，希冀能够高于米太亚得的纪念碑，而两者的目的是相似的。由于吕山德不想被批评为僭妄，所以他将众神放在前列，而米太亚得的雕塑中他们和凡人出现在同一个场景中。

• 世界之脐

从希腊的远古时代起，德尔斐就被认为是世界的中心，也是古希腊的宗教中心和统一的象征，又被称为“世界之脐”。根据希腊神话中的记载，据说阿波罗神庙是大神宙斯的双鹰从天涯两极飞来聚会的地方，因此被称为“欧姆法洛斯”（脐），希腊人在其正中立石为记，作为地球“肚脐”的标志耸立在神庙的前面。在此后的岁月中，这块石头不仅成为传说中的神物、当地最古老的崇拜物，也是德尔斐神谕的起源。

古希腊人认为，要想知道神的重大信息，就要到神谕宣示殿去听。他们相信，神明会向人类说话，为人们指点迷津、指点未来，而与神的交流，是他们日常生活不可缺少的一个组成部分。

德尔斐的神谕宣示殿里真有神谕吗？

古代的希腊人真的能得到神谕帮助吗？这对现代学者是一个充满诱惑的谜。

西方自然科学兴盛以来，不少人运用近代科学对此地作了考察。他们认为：神谕的预言能力来自地质现象，包括一个地表的裂沟、从裂沟冒出来的气体以及一道泉水。神职人员就根据气体冒出来的方向、高低以及泉水流注的情况对人们宣示神谕。

然而，100 多年前考古学家在此挖掘时，却没有找到裂沟，没有侦测到气体。于是，1900 年，一位英国的年轻古希腊学者欧皮便明确指出，德尔斐的神殿中根本就没有裂沟，也没有气体溢出。

那么，德尔斐神庙里的“神谕”到底是怎么回事呢？如果对此简单地指责为“迷信”，恐怕是失之轻率的。有些人认为，裂沟和泉水恐怕是在罗马人封闭神庙时被损坏了，而经过漫长的岁月侵蚀，到重新发掘时神庙只剩下地基和一些圆柱，因此无法找到。另一些人却认为，在德尔斐神庙求取神谕有一整套仪式和行为方式，在这些仪式中，人们受到心理暗示，从而对事物的未来作出判断，这才是神谕真正的秘密。究竟谁是谁非，还有待于进一步探讨。

挖出来的“尸体”

木乃伊，即“人工干尸”引。世界许多地区都有用香料防腐尸体，年久干瘪，即形成木乃伊。古埃及人笃信人死后其灵魂不会消亡，仍会依附在尸体或雕像上，所以法老王等死后，均制成木乃伊，作为对死者永生的企盼和深切的缅怀。

埃及发现的木乃伊的数量最多，时间最早，技术也最复杂。埃及人在制造木乃伊时，首先从死尸的鼻孔中用铁钩掏出一部分的脑髓并把一些药料注到脑子里去进行清洗。然后，用锋利的石刀，在侧腹上切一个口子，把内脏完全取出来，把腹部弄干净，用椰子酒和捣碎的香料填到里面去，再照原来的样子缝好。这一步做完了之后，便把这个尸体在泡碱粉里放置40天，再把尸体洗干净，从头到脚用细麻布做绷带把它包裹起来，外面再涂上通常在埃及代替普通胶水使用的树胶，然后把尸体送给亲属，亲属将它放到特制的人形木盒里，保管在墓室中，靠墙直放着。

木乃伊的传说

在古埃及，流传着这样一个动人的神话传说。很久很久以前，地神塞布的儿子奥西里斯很有本事，曾一度为埃及国王（法老）。他教会了人们从事农业生产，如种地、做面包、酿酒、开矿，给人们带来了幸福。因此，人们很崇拜他，把他视作尼罗河神，相信人们的生命就是奥西里斯给予的。他有一个弟弟叫塞特，存心不善，阴谋杀害哥哥，夺取王位。

有一天，塞特请哥哥共进晚餐，还找了许多人作陪。进餐时，塞特指着一只美丽的大箱子对大家说："谁能躺进这个箱子，就把它送给谁。"奥西里斯在众人的怂恿下，当着大家的面试了一试。但他一躺进去，塞特就关闭了箱子，上了锁，把他扔到尼罗河里去了。

奥西里斯被害以后，他的妻子女神伊西斯到处寻找，终于找回了尸体。不料，这件事被塞特知道了。他半夜里又偷走了尸体，把它剖成 48 块，扔在不同的地方。伊西斯又从各个不同的地方找到奥西里斯尸体的碎块，就地埋葬了。

后来，奥西里斯的遗腹子荷拉斯出生了，他从小就很勇敢。长大成人后，打败了塞特，替父亲报了仇，并继承了人间的王位。他把父亲尸体的碎块从各地挖出来，拼凑在一起，做成了干尸"木乃伊"。又在神的帮助下，使他的父亲复活了。

奥西里斯的复活不是在人世间的复活，而是在阴间的复活。在另一个世界，他做了主宰，专门负责对死人的审判，并保护人间的法老。

这个神话故事开始在民间流传。后来，埃及法老听到了，便利用它来欺骗人民，说法老有神的帮助，因此活着是统治者，死后还是统治者。谁要是反对法老，那么，他活着时会受到惩罚，死后也不能顺利通过奥西里斯的阴间审判。

此后，每一个埃及法老死后，都要把奥西里斯的神话表演一番。第一步是举行寻尸仪式。第二步是举行洁身仪式，即把尸体解剖，取出内脏和骨髓，制成干尸"木乃伊"。具体方法是：先把尸体浸在一种防腐液里，溶去油脂，洗掉表皮。40 天后，把尸体取出晾干。在腔内填入香料，外面涂上树胶，以免尸体接触空气和细菌，然后用布把尸体严密包裹起来。这样，经久不腐的"木乃伊"就制成了。第三步是诵念咒法，为"木乃伊"开眼、开鼻、开耳、开口，把食物塞进它的嘴里。据说，这样就能像活人一样呼吸、说话、吃饭了。最后是埋葬仪式，把"木乃伊"装入石棺，送进他们生前为自己经营的"永恒住所"——坟墓里去。

木乃伊分类 >

• 自然形成

• 印加人山地木乃伊

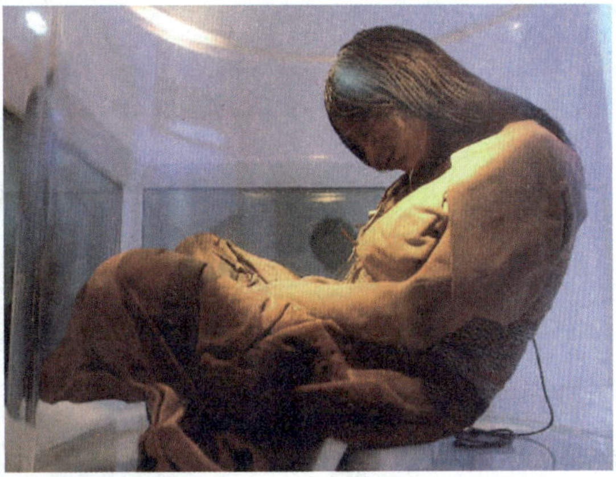

印加人将童男童女供奉给神灵，而安第斯山脉的干冷空气将他们的身体冷冻起来。他们或许是20世纪最重要的木乃伊发现。这些木乃伊被厚厚的布料捆绑着，成为印加人的珍贵遗迹。从这些木乃伊的身上可以了解许多秘密，尤其是他们的血液仍然凝结在血管中，这是极其罕见的发现。

• 肥皂女尸

这具无名木乃伊陈列于美国宾西法尼亚州费城的马特医学博物馆内，它发现于100年前，当时费城正在迁移一个古老的墓地。土壤、温度和湿度等条件正好适宜将她的尸体变成尸蜡（拉丁文的意思是脂肪与蜡）。在合适的条件下，如果死者是一个过于肥胖的人，那么尸体中的脂肪就会与水结合，产生脂肪酸，这就是尸蜡的主要成分。这种物质使水从周围组织中流失，使尸体脱水并阻碍细菌的生长，这种过程就像埃及木乃伊的保存一样，唯一不同的就是肥皂女尸会产生外表的脂肪酸。肥皂女尸曾于1987年接受过X光透视，结果显示她的衣服上别着长别针。它们产于1824年后，因此可推断她是在这之后死亡的。

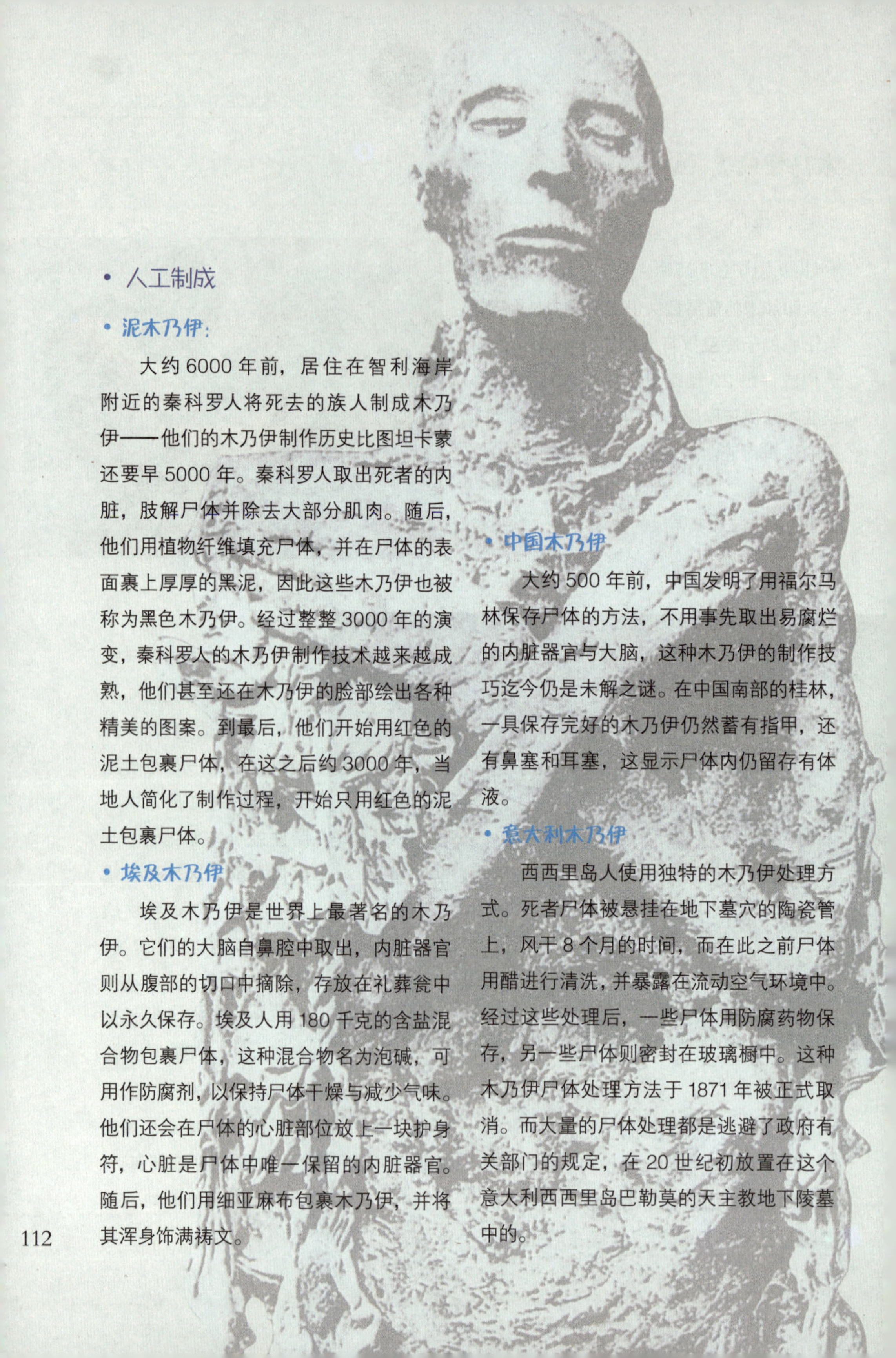

- 人工制成

- **泥木乃伊：**

大约6000年前，居住在智利海岸附近的秦科罗人将死去的族人制成木乃伊——他们的木乃伊制作历史比图坦卡蒙还要早5000年。秦科罗人取出死者的内脏，肢解尸体并除去大部分肌肉。随后，他们用植物纤维填充尸体，并在尸体的表面裹上厚厚的黑泥，因此这些木乃伊也被称为黑色木乃伊。经过整整3000年的演变，秦科罗人的木乃伊制作技术越来越成熟，他们甚至还在木乃伊的脸部绘出各种精美的图案。到最后，他们开始用红色的泥土包裹尸体，在这之后约3000年，当地人简化了制作过程，开始只用红色的泥土包裹尸体。

- **埃及木乃伊**

埃及木乃伊是世界上最著名的木乃伊。它们的大脑自鼻腔中取出，内脏器官则从腹部的切口中摘除，存放在礼葬瓮中以永久保存。埃及人用180千克的含盐混合物包裹尸体，这种混合物名为泡碱，可用作防腐剂，以保持尸体干燥与减少气味。他们还会在尸体的心脏部位放上一块护身符，心脏是尸体中唯一保留的内脏器官。随后，他们用细亚麻布包裹木乃伊，并将其浑身饰满祷文。

- **中国木乃伊**

大约500年前，中国发明了用福尔马林保存尸体的方法，不用事先取出易腐烂的内脏器官与大脑，这种木乃伊的制作技巧迄今仍是未解之谜。在中国南部的桂林，一具保存完好的木乃伊仍然蓄有指甲，还有鼻塞和耳塞，这显示尸体内仍留存有体液。

- **意大利木乃伊**

西西里岛人使用独特的木乃伊处理方式。死者尸体被悬挂在地下墓穴的陶瓷管上，风干8个月的时间，而在此之前尸体用醋进行清洗，并暴露在流动空气环境中。经过这些处理后，一些尸体用防腐药物保存，另一些尸体则密封在玻璃橱中。这种木乃伊尸体处理方法于1871年被正式取消。而大量的尸体处理都是逃避了政府有关部门的规定，在20世纪初放置在这个意大利西西里岛巴勒莫的天主教地下陵墓中的。

名人木乃伊 >

• 列宁

苏联的革命领导人，是世界上保存最完好的木乃伊之一。他逝世于1924年1月，此后便一直处于冷冻状态，苏联科学家在列宁墓下的秘密实验室内对其尸体进行保存工作。他们取出他的内脏，将他的整个身体浸入福尔马林，这是一种强有力的防腐剂，能阻止尸体组织腐烂。负责保存工作的科学家在列宁的身上切开口子，让福尔马林（加入甘油以保持弹性）加快渗入体内。他一直被保存于莫斯科的列宁墓，只在二次大战纳粹猖狂进攻期间，曾被秘密送往西伯利亚的一个城镇暂时避难。苏联解体之后，看护列宁尸体的实验室失去了政府的支持，仅出于专业需要才每18个月左右为尸体整修一次。

• 埃维塔·庇隆

阿根廷前第一夫人，是世界上保存最完好的木乃伊之一。埃维塔于1952年7月28日死于癌症。她吩咐自己的指甲师在她死后用透明的清漆替代她的红色指甲油。数百万痛不欲生的阿根廷人瞻仰了她的遗体，随后尸体被送往劳动部，防腐大师佩德罗阿拉博士将她的尸体浸入醋酸盐和硝酸盐溶液，随后将蜡慢慢注入她的体内，埃维塔从此成为有史以来最独特的木乃伊。1955年，胡安·庇隆总统被推翻后逃之夭夭，丢下了妻子的木乃伊。新政权割掉了木乃伊的左耳和指尖（表面上是为了检查指纹，其实更可能是为了留下纪念）以确定她是否是蜡人，之后阿根廷用船将木乃伊运往意大利，那里的梵蒂冈将她埋葬在米兰公墓内，墓碑上写着“玛丽娅·马吉”。

阿根廷人强烈要求能继续瞻仰她的遗体，因此她的尸体在15年后又被挖了出来。当棺材打开时，埃维塔仍保存得非常完好。挖墓人惊慌地大叫：“奇迹呀！奇迹呀！”然后吓得仓皇逃走。埃维塔的木乃伊被运往西班牙马德里，当年胡安曾流落于此。当他在阿根廷重掌大权时，他将埃维塔的木乃伊留在了欧洲。1974年胡安·庇隆死后，埃维塔的遗体又回到了阿根廷，安放在她丈夫的身边供国民瞻仰。她的遗体仍存放在原来的银制水晶盖棺材中，看上去就和她刚去世时一模一样。最后，埃维塔被葬在布宜诺斯艾利斯的雷克莱塔区公墓中的杜瓦蒂家族墓地，深埋于7.3米厚的混凝土下，直到现在，据说是放在一个防弹箱中。

世界各地木乃伊 >

• 中国

在中国的某地有一座 14×12 平方米的矩形陵墓，里面有 17 名男子和 24 名女子的尸骨，这里的尸骨同样没有暴力致死的特征。在南美洲西部的安第斯山脉有冰川墓，在西伯利亚有冰墓，在中国和苏美尔地区以及埃及有群体墓和单体墓，木乃伊又曾经在北部高纬度地区和南非出土。死者都经过精心处理，准备在未来时代复活；尸体都备有新生命所必需要的东西；而且，所有的坟墓都设计、建造得那样的坚实，能够经历数千年的风风雨雨。

在中国的沙漠地带甚至古城遗址至今都经常发现木乃伊，最著名的当数楼兰美女了。

伊拉克尼尼韦亚述宫殿

- 俄国

俄国人鲁登克在距离蒙古边界 80 千米的地方，发现了称之为库尔甘五世的陵墓。它是一座石丘，里面用木料衬壁。所有的墓室填满了永冻冰块，墓内的东西因此而被储存在冷冻的环境里。其中有一个墓室盛了一具经防腐处理的男子尸体和一具以同样方法保存起来的女子尸体。凡是在未来复活而需要的东西，他们样样都有：碗里和盘里的食品、衣服、珠宝和乐器等。所有这一切均是冷冻的，保存良好，包括裸体木乃伊！人们对一座墓里的符号进行鉴定，那是一些四角形符号，每个符号有 6 排成 4 行的正方形图画，其整体可以说是今天伊拉克尼尼韦亚述宫殿里的石制地毯的复制品！狮身人面那样的奇特形象，个个头上有结构复杂的角状物、背上有翅膀，清晰可见，它们的姿态呈飞天状。

• 约旦

在约旦的杰里科，人们发掘出 10000 年以前的坟墓群，发现了 8000 年前用石膏制成的头。这也令人惊异，因为这个民族据称根本不懂得制陶工艺。人们在杰里科的其他地方发现成排成排的房屋，墙上面的顶端朝里倾斜，像是穹顶。

功能强大的碳 14 可以用来测定有机物质的年龄，它所提供的数据远达 10400 年。这个用科学方法测得的数据与埃及祭司所传递的相当吻合，这些祭司说，他们祭司的先驱履行他们的职责有 11000 多年了。路萨克（法国的普瓦图）的史前石头让人见到一组独具一格的出土文物：一些绘有人物的图画，人物的穿着绝对时髦，他们头戴帽子，身着夹克或穿了短裤。阿贝·勃瑞耶断定这些图画是可靠的，他的解释推翻了全部史前史。1940 年，有人在法国南部拉斯科石窟发现辉煌壮观的石器时代壁画，这座画廊引入注目，它是如此地充满生机，如此地富有感染力，又保存得如此完好，顿时引起轰动。它不禁使人想到两个问题：石器时代的艺术家从事辛苦的创作活动时，石窟内的照明怎样解决？为什么用这些了不起的图画装饰石窟壁呢？

那些把这两个问题看成是乏味的人接着可能向我们指明矛盾之处：石器时代的洞穴人尚未开化、原始，他们不可能在石窟壁上大量绘制精美绝伦的图画；但要是原始人能够制作这些壁画的话，那他们为什么就不应该有能力建造小屋栖息呢？最聪明的人认为数百万年以来动物有筑巢建栖息处的能力。显然，认为那个时代的现代人掌握了同样技巧的想法并不在这个思想范畴里！

• 印度尼西亚

在婆罗洲西海岸的印度尼西亚苏比山脉里，人们发现一批扩建得像是大教堂那样的洞穴，它们纵横交错犹如网格一样分布。洞穴里的文化遗迹表明，建筑年代约在公元前 38000 年。在这些惊人的出土文物里有纺织物，它们纯净、柔软，我们今天怎么也不能想象，原始人怎么制成如此物品的！

• 意大利

在一个神秘天主教地下墓穴，人们步行走在碎石地下室中，可与几百年前保存完好的 8000 具木乃伊尸体面对面近距离接触。这听起来有点儿像恐怖电影中的惊悚情节，但实际上这是真实存在的，目前意大利西西里岛巴勒莫的天主教地下陵墓每年吸引了数以千计游客慕名前来一睹神秘的木乃伊尸体。

据统计，在这处天主教地下墓穴的墙壁上共悬挂陈列着 8000 具木乃伊尸体，这些尸体的脖颈和脚被吊钩悬挂，穿着价值昂贵的衣服，尸体的头部下垂着看上去就像在默默地祈祷。这些木乃伊尸体摆放姿态各不相同，比如：两个儿童并排地坐在一张摇椅上，男人、女人、少女、儿童、僧侣和天主教徒都分别被陈列。

陈列的木乃伊尸体是一种社会地位象征，这些木乃伊究竟是些什么人? 他们是如何在这儿的呢? 原来这处天主教地下墓穴的历史可追溯至 16 世纪，当时天主教徒挖掘了这个地下墓穴。第一位天主教徒木乃伊是西尔维斯特罗，他的尸体吸引了到访的参观者，来自各地区的人们看着他的尸体默默祈祷，对他表达了一种由衷的崇敬。

虽然最初这个地下墓穴原计划仅用于陈列已故的天主教修道士，但很快意大利当地的富人和知名人士都对这个神圣的地下陵墓产生了兴趣，纷纷计划死后将尸体陈列于此，作为一种社会地位的象征。事实上，许多当地名人都改变了传统的死亡埋葬方式，希望这处天主教地下墓穴成为自己的最终归宿。他们死后穿着特制的衣服，这些衣服每隔一段时间由死者家属捐款出资进行更换。

这种木乃伊尸体处理使死者即使死亡之后仍保留其身份和尊严地位，尸体的外衣被更换为最时尚和最昂贵的布料。据称，这处天主教地下墓穴还保存着西班牙著名画家委拉斯凯兹的尸体，但是其尸体具体位置尚无人知晓。

西西里岛人以这处地下墓穴为骄傲，到访者经常慕名而来，并向死者进行祈祷。据悉，最后一个保存在这儿的尸体是一个小女孩，年龄仅有 2 岁，名叫罗莎利娅·洛姆芭尔多，当时尸体保存的时间是 1920 年。她是死于肺炎，由一位名叫阿尔佛雷德·撒拉菲亚的医生进行尸体保存，这位医生是当时唯一能够进行尸体防腐的天主教徒。她的尸体保存几乎完整无缺，从她的黑发碧眼到细致的眼睫毛都清晰可见。这些东西不是假说，它们是大量存在着的：洞穴、坟墓、棺材、木乃伊、古地图、建筑物和技术成果巨大的古怪建筑以及来源各不相同又不落俗套的史料等等。

• 智利

智利圣地亚哥大学考古学家在智利阿塔卡马沙漠中发现了迄今为止最古老的木乃伊。考古学家研究发现，智利阿塔卡马沙漠的新克罗人在7000多年前就已经学会了木乃伊的制作，新克罗木乃伊比埃及木乃伊的历史还要古老几千年。不同于埃及人只为帝王和贵族制作木乃伊的做法，新克罗人会尊重每一位死者并为他们制作木乃伊。因为受到地球上最干燥气候的保护，长期掩埋在智利阿塔卡马沙漠中的新克罗人木乃伊依旧能够保留着原来的皮肤、毛发和衣着。

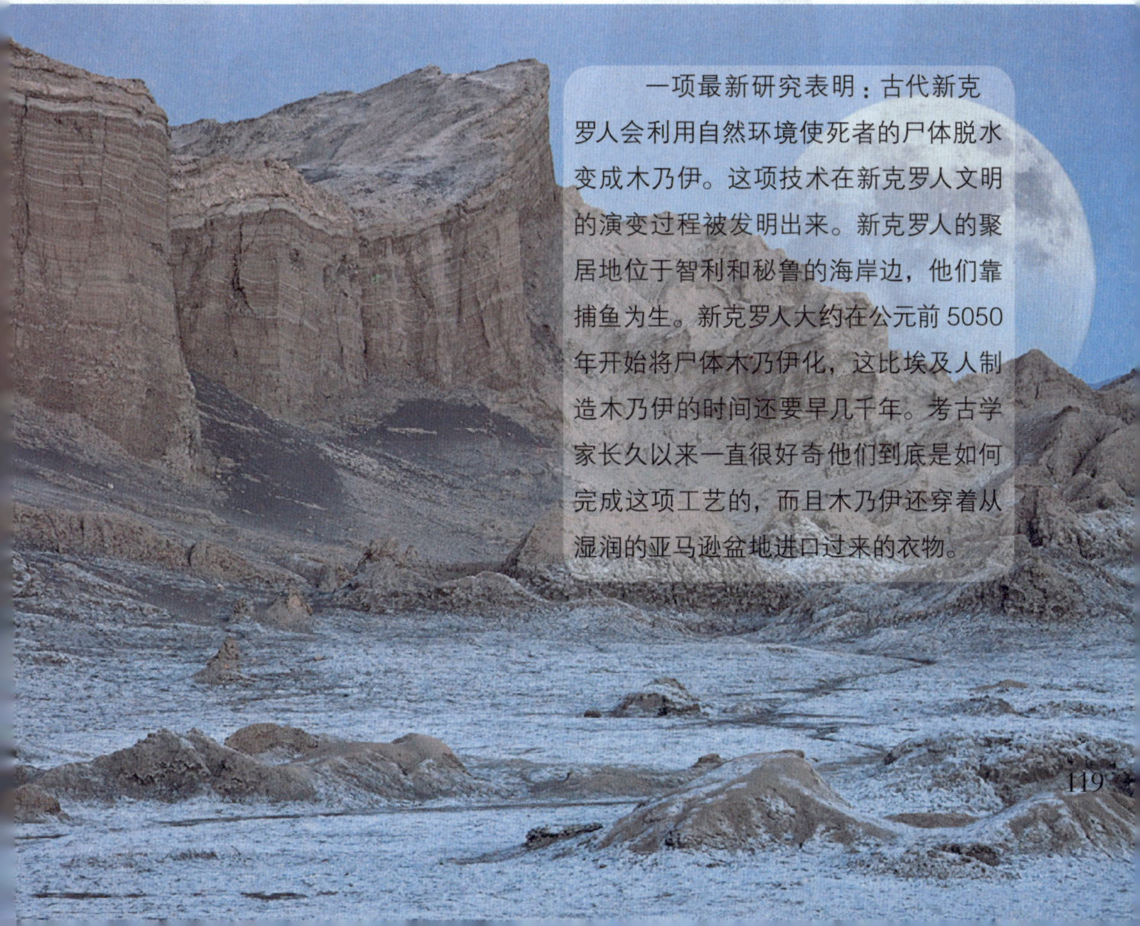

一项最新研究表明：古代新克罗人会利用自然环境使死者的尸体脱水变成木乃伊。这项技术在新克罗人文明的演变过程被发明出来。新克罗人的聚居地位于智利和秘鲁的海岸边，他们靠捕鱼为生。新克罗人大约在公元前5050年开始将尸体木乃伊化，这比埃及人制造木乃伊的时间还要早几千年。考古学家长久以来一直很好奇他们到底是如何完成这项工艺的，而且木乃伊还穿着从湿润的亚马逊盆地进口过来的衣物。

十大著名木乃伊

历史上的十大木乃伊是目前所发现的众多木乃伊中最重要的、最具有探索价值的10个或者说10批木乃伊。从身份上说，他们有牧羊人、有水手、有革命领袖；从年龄上说，他们有婴儿、有少年、有成年人；从性别上说，他们有男、有女。他们的死因各异，反映特定时代的社会状况、自然状况、人的生存状况。

• 拉美西斯大帝木乃伊

古埃及拉美西斯大帝的木乃伊是人类历史上最著名的木乃伊。发现他的木乃伊就像是一下子发现了华盛顿、林肯、亚历山大或者克利奥帕特拉的木乃伊一样，引起了全世界有关专家学者的兴趣和关注。拉美西斯木乃伊除了引导科学家分析研究埃及历史之外，还引导科学家进行了一项空前的试验：现代科学能够复制古老的埃及木乃伊技术吗?

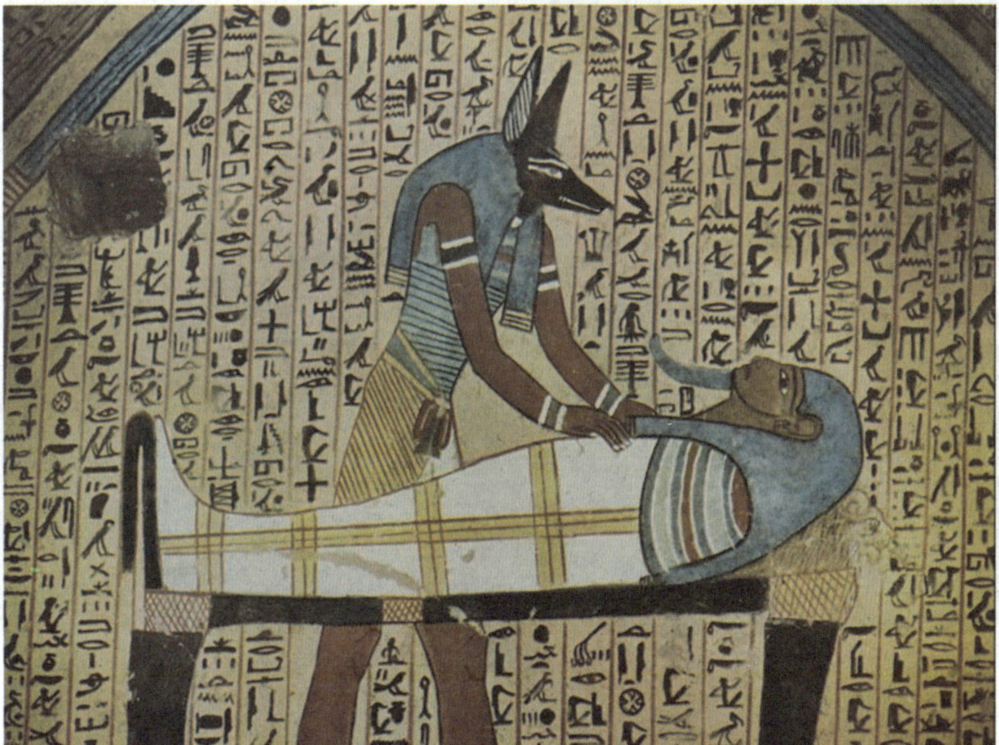

- 奥兹冰人

奥兹冰人木乃伊是一具有5300年历史的木乃伊，他在一个冰冷的史前世界被谋杀。这具木乃伊所在的位置让人们推断：这个冰人不是因为意外死在那里的。所以，除了《圣经》中记载的该隐谋杀亚伯案，它也许是最古老的谋杀案受害者。1991年，一群德国游客在意大利和奥地利边界的阿尔卑斯山的冰川上发现了一具有5300年历史的男性遗体。发现地点在奥兹山谷，因此人们将他称为冰人奥兹。他年约45岁，身上有很多纹身，研究发现：奥兹属于青铜时代（公元前3500年—公元前1000年）。冰人被发现时，已被阿尔卑斯山上的冰雪制成木乃伊。他身体上皮肤的孔仍清晰可见，甚至连眼球都保存完好。他有159厘米高，身上穿着由羊皮、鹿皮和树皮及草制成的三层服装，戴着帽子和羊皮护腿。他身旁还放置了一把铜制的斧头和一个装有14只箭的箭袋。奥兹身上最令人吃惊的莫过于那把铜斧。因为科学家们一直以为人类在4000年前才掌握这样的熔炉及成型技术。

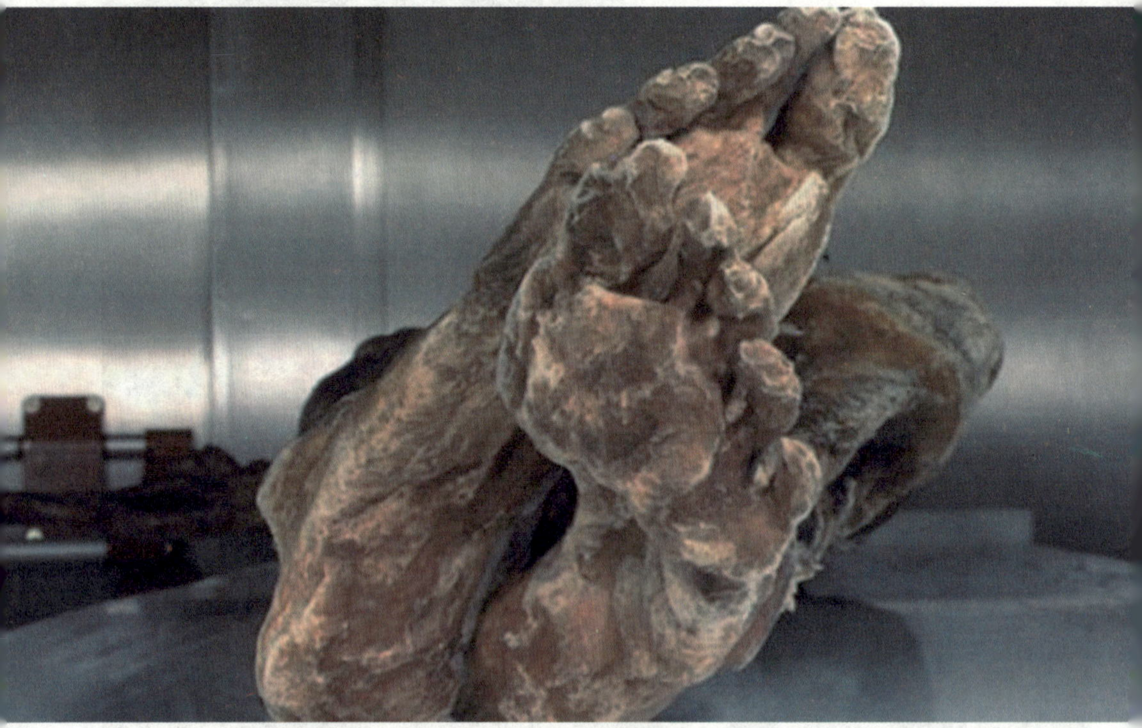

新克罗木乃伊

• 北欧的沼泽木乃伊

北欧的沼泽木乃伊皱皱巴巴、满头红发，看上去如同恶魔，但他们是献给众神的祭品。他们向现代人证明了活人祭品的传说在人类社会中曾经存在过。

• 新克罗木乃伊

在图坦卡蒙（古埃及第十八王朝法老，约前 1361—前 1352 年）和拉美西斯时代到来前的几千年里，智利渔夫就用残忍的方法制造出了精致的木乃伊。他们把死人的表皮剥下来，就像女士脱连裤袜那样。

- 富兰克林木乃伊

3个英国水手的冰冻木乃伊让人们弄清了发生在海上的一次悲惨事件的秘密。它帮助人们解开了历史上最大的航海之谜——为什么这配备了最好的船只，拥有最先进的技术，由129个人组成的富兰克林远征队会一去不复返?

- 新疆木乃伊

新疆木乃伊出土于中国西部的塔克拉玛干沙漠，是属于游牧民族的木乃伊。他们改写了东西方文明交流的起始时间。

- 冰雪保存的木乃伊

他们的百年遗体讲述的是人们在北极之地挣扎求生的故事。这些木乃伊也许是来自两个家庭，研究者们没有完全弄清楚他们的死因。

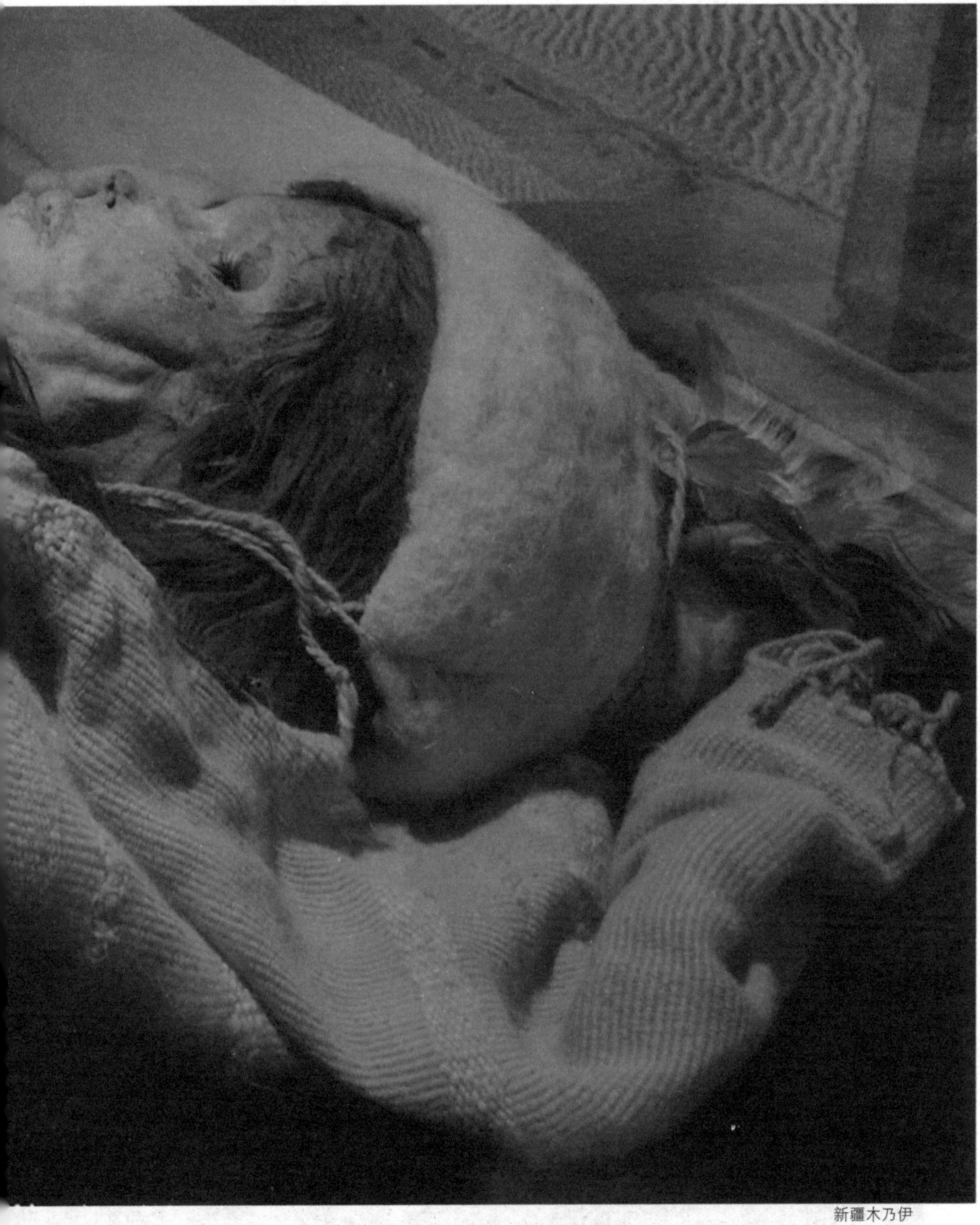

新疆木乃伊

• 印加儿童木乃伊

印加儿童木乃伊是一些沉睡的孩子，他们是古人为安抚神明献上的牺牲品。美国纽约州宾厄姆顿大学人类学家托马斯·毕森博士这样描述这些孩子的尸首：他们有的头部被敲打致伤，有的被割开咽喉而死，有的则是被活埋了。这是那个年代献祭的几种方式。孩子们死于非命的尸体把人们带回到5个世纪以前。

• 圣比兹木乃伊

一具中世纪的木乃伊叫圣比兹木乃伊。它所讲述的是异教徒的战争，它悲惨的死亡方式撼动了英格兰。英格兰的医生伊恩·麦克安德鲁说这具木乃伊在被发现时不仅完整而且柔软。人们可以晃动它的胳膊，蜷起它的手指。

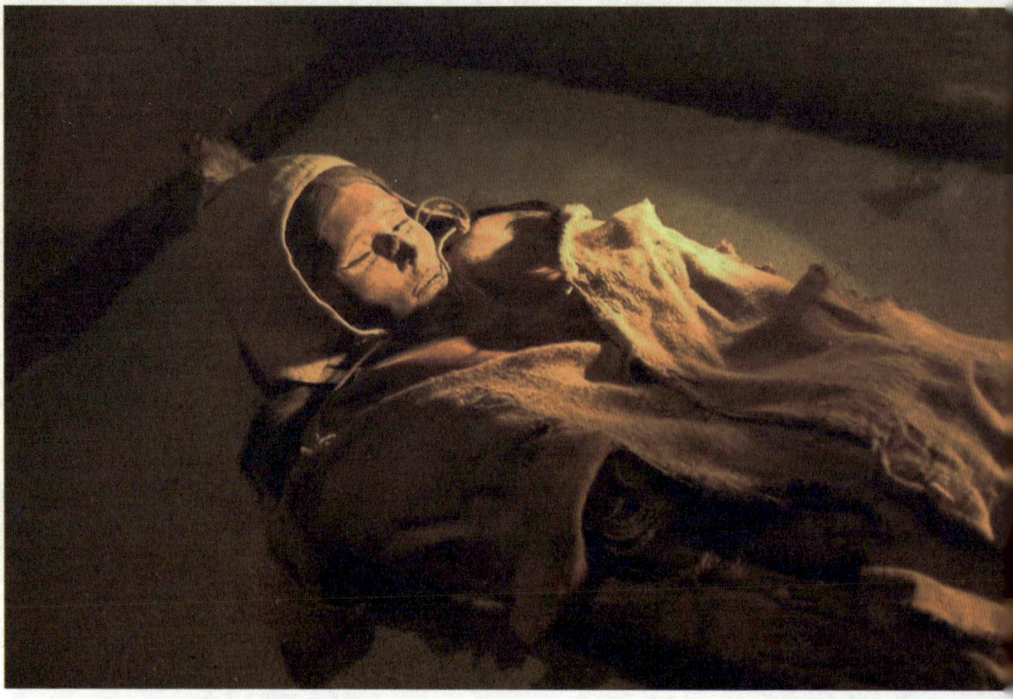

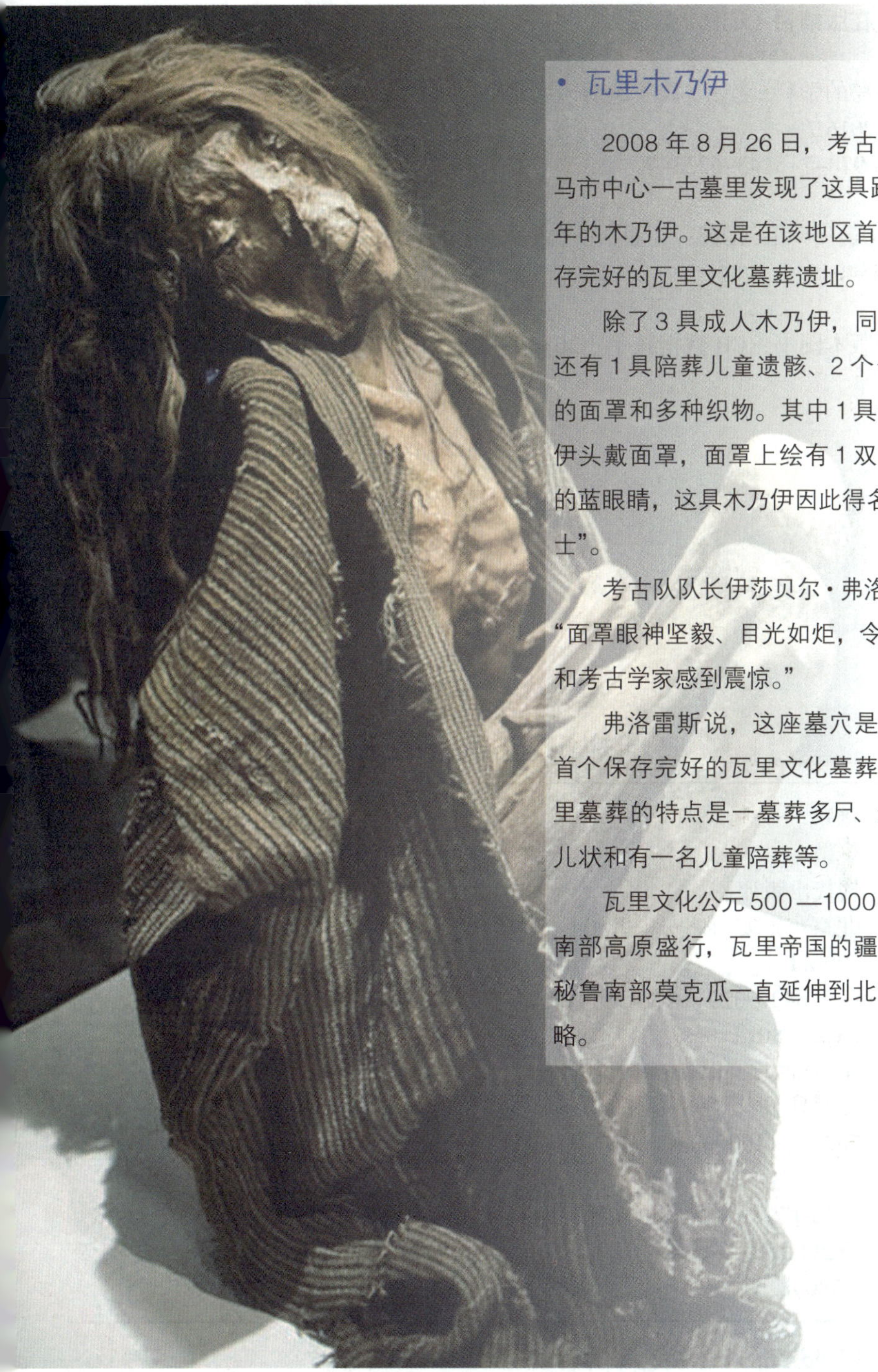

• 瓦里木乃伊

2008 年 8 月 26 日，考古学家在利马市中心一古墓里发现了这具距今 1300 年的木乃伊。这是在该地区首次发现保存完好的瓦里文化墓葬遗址。

除了 3 具成人木乃伊，同时出土的还有 1 具陪葬儿童遗骸、2 个保存完好的面罩和多种织物。其中 1 具女性木乃伊头戴面罩，面罩上绘有 1 双大得突兀的蓝眼睛，这具木乃伊因此得名“面具女士”。

考古队队长伊莎贝尔·弗洛雷斯说：“面罩眼神坚毅、目光如炬，令工作人员和考古学家感到震惊。”

弗洛雷斯说，这座墓穴是这一地区首个保存完好的瓦里文化墓葬遗址。瓦里墓葬的特点是一墓葬多尸、遗体呈胎儿状和有一名儿童陪葬等。

瓦里文化公元 500—1000 年在秘鲁南部高原盛行，瓦里帝国的疆域当时从秘鲁南部莫克瓜一直延伸到北部特鲁希略。

图书在版编目（CIP）数据

最神秘的学科：考古 / 魏星编著. -- 北京：现代出版社，2016.7
ISBN 978-7-5143-5233-7

Ⅰ. ①最… Ⅱ. ①魏… Ⅲ. ①考古学—普及读物
Ⅳ. ①K85-49

中国版本图书馆CIP数据核字（2016）第160792号

最神秘的学科：考古

作　　者：魏星
责任编辑：王敬一
出版发行：现代出版社
通讯地址：北京市定安门外安华里504号
邮政编码：100011
电　　话：010-64267325　64245264（传真）
网　　址：www.1980xd.com
电子邮箱：xiandai@cnpitc.com.cn
印　　刷：汇昌印刷（天津）有限公司
开　　本：700mm×1000mm　1/16
印　　张：8
印　　次：2016年7月第1版　2021年3月第4次印刷
书　　号：ISBN 978-7-5143-5233-7
定　　价：29.80元